縛師

Bakushi

日活ロマンポルノ
SMドラマの現場

Urado Hiroshi
浦戸 宏

筑摩書房

縛師

日活ロマンポルノ　ＳＭドラマの現場

写真提供　日活株式会社

一　映画『花と蛇』

一九七四年（昭和四十九）五月初め、東京都下、調布市の日活撮影所を訪ねたのは、谷ナオミの主演映画『花と蛇』（原作・団鬼六、脚本・田中陽造、監督・小沼勝。一九七四年六月封切）のクランクイン前、最初の打ち合わせのためだった。

当時、新宿から京王線調布駅の南口でタクシーに乗ると、梨畑のなかのまばらな住宅地を走り、その先の田んぼの向こうの多摩川沿いに、カマボコ型のステージの屋根がいくつも並ぶ撮影所の全景が眼に入った。

大東亜戦争（一九四一―四五年）の戦火と無残な敗北でつぶれた日本、映画界も例外ではなかった。敗北した日本を支配したのは事実上はアメリカであり、そのGHQ（連合国総司令部）は日本を軍国主義から民主国家に再建させるために、映画を利用した。アメリカ・ハリウッド映画の輸入に加えて、日本映画の復興と製作をすすめた。

大東亜戦争後の映画製作の再開が他社よりおくれていた日活だが、一九五三年（昭和二十八）に日本の映画業界では初めて冷暖房つきの、規模と設備で東洋一、東洋のハリウッドといわれる撮影所を建設して再スタートした。そして多くの話題作を世に送ったが、今日ではその面影はなく、二万坪とも三万坪ともいわれる敷地の大半が売却されて高層マンションの団地に様変わり、かつての撮影所はその陰に隠れているように見える。

一九七四年ごろ、まだすぐそばに緑の田んぼが広がっていた正門、濃紺の制服制帽が立つ守衛所には、映画が盛んだったころの面影が偲ばれた。

正門前でタクシーを降りて撮影所内に足を踏み入れると、広々とした敷地の一画に日活撮影所が最後の大作として力を入れた映画、山本薩夫監督の三部作『戦争と人間』（原作・五味川純平、脚本・武田敦／山田信夫。一九七〇―七三年封切）の完結編のオープンセットの残骸が放置されたままになっているのが眼についた。

かつて映画館が観客であふれていた昭和三十年代が終わり、それ以降は斜陽化してゆく映画の不況打開のため、日活がロマンポルノ路線に活路を求めたのは、一九七一年（昭和四十六）の秋、それから三年経つ。

撮影所の東側にあたる正門から百メートル以上も歩くと、カマボコ型のステージとは別棟の二階建ての建物がある。その正面玄関を入り、左に曲がった奥の、陽当たりは良いけれども、きわめて殺風景なスタッフルームに土足のまま案内された。

そこで監督や助監督など、ごく一部のスタッフが打ち合わせ中だった。そのときに決定稿の台本を受け取り、つぎのような話があったのを覚えている。

「ＳＭ、とりわけ縛《しば》りについては素人というか、スタッフには経験者がいないので、よろしく」

それを受けて、縛り（緊縛）については台本を読んでから考える、そのためのロープは綿のやわらかいものを用意しておいてほしい、参考までに手持ちのものを、つぎの打ち合わせのとき持参するけれども、麻のロープはだめだ、それと長めの青竹を一本用意しておいてほしい、と付け加えたようにおもう。

なぜ麻のロープはだめで綿のやわらかいロープなのか――これは浦戸宏のひもやロープについての嗜好である。とりわけ女優を縛る映画の撮影であるから材質としてはやわらかい、肌触りの良いもので柔肌を痛めないように、しっかりと締める。これが好みである。

巷間にその種の雑誌やグラフ誌の縛りの写真を多く眼にするが、ほとんどが麻のロープである。さらに付け加えて言えば――縛り方も過剰すぎて決め手に欠ける。かつての美濃村晃《みのむらこう》の縄捌《なわさば》きや喜《き》多玲子《たれいこ》の画《えが》く挿絵に見られるような、ポイントをおさえた縛り、ひもの決め方ほどに、眼をひかれるものが、氾濫している写真には見当たらない。

このとき、初対面の小沼勝監督が同年輩の真摯なタイプに見えて、言いたいことが言えるとおもった。

さらに具体的な打ち合わせは後日あらためてと、持ちかえった映画『花と蛇』の台本を一読した率直な感想は、「なんじゃ、これは?」であった。

タイプ印刷の文字による謄写版刷りの映画の台本を手にするのは初めてだった。脚本・田中陽造とあったが、初めて眼にする脚本家である。

台本のストーリーを簡略すれば、老社長が若い妻（谷ナオミ）を部下の若手の社員に命じて、ひそかにマゾヒスチックなリアクションが可能な女に変身させる、という話である。

社長から調教を命じられた青年はマザコンでインポテンツ、なんとも不思議な性格である。彼の母親はＳＭクラブ風な淫売屋の女主人となっており、一人前の男性であるはずの息子を手放せず溺愛している。

この息子が社長の私的な要望で、その若い妻を誘い出して自宅の地下室（都合よくつくられている）に監禁してから、人妻、息子とその母親の三者に葛藤のようなものが生じてドラマが展開してゆく、という筋立てだった。脚本のなかに「かあさんが……夜なべして……」という歌詞が出てくる。

ここでこのシナリオの原作は、一体どういう物語の大長編であるか、見てみよう。

二　原作『花と蛇』

団鬼六の原作『花と蛇』は関西で発行されていた『奇譚クラブ』という雑誌に一九六七年から七〇年代にかけて十数年間も連載されたが、映画化当時は未完のまま執筆を中断していた異色の一大長編小説である。

ちなみに『奇譚クラブ』という月刊誌は一九四七年（昭和二十二）に創刊された歴史をもつ。創刊当時は「カストリ雑誌」とみられたが、特殊な性風俗誌として市井の多くの好事家《こうずか》たちに支えられて、取締り当局の眼をくぐりぬけながら一九七〇年代まで刊行されている。後述の美濃村晃（喜多玲子）らも初期の同誌に大きな役割を果たしている。

原作『花と蛇』について言えば、おそらく数々のＳＭ小説、そう呼ばれるもののなかで、質量ともに後世に残る作品はこれしかあるまいとおもう。

ストーリーはこうである。

財界の有力者で政界にも通じている遠山家は、一九六〇年代の東京麻布の高級住宅地に住む。ヒロイン静子夫人は遠山家の若い後妻であり、美貌と知性の持ち主で、茶道、華道をきわめているのはもちろん、日本舞踊でも名取という、絵に描いたような、和服がよく似合う品性がそなわった女性である。

主《あるじ》の遠山は高齢ではあるが、平和な家庭である。その遠山家で先妻の娘が突如、何者かに拉致されて身代金が要求される。それを表沙汰にできない世間体があった。そこで密かに義理の娘を救出しようと身代金を用意して外出した夫人が、それっきり戻ってこない。事はさらに深刻になり遠山は苦悩のどん底に沈んでいた。

その遠山家に、あきらかに夫人が身につけていたとわかる長襦袢や腰のものをひとつにした風呂敷包みが何者かの手によって投げ込まれる。

このミステリー仕立てのドラマの書き出し、ストーリーテラー団鬼六の着想と物語の展開は、読者の興味をそそるに十分である。

投げ込まれた風呂敷包みのなかの夫人が身につけていた品々が何を意味するのか――身代金を手

に失踪したその後、どういう状況に置かれているか――を想像させるには十分であろう。

原作では、わるどもの罠にかかった静子夫人は義理の娘ともども得体の知れない場所に閉じ込められたままになる。二度と麻布の豪邸に戻ることは許されない。

それだけではない。原作で「ズベ公」と呼ばれる意地悪というか、悪戯好きの娘たちによって女性の泣きどころを弄ばれるほか、彼女らの招いたやくざや浅草の鬼源との異名をもつ色事師《いろごとし》によって、慰みものとしての修業という名の下に、性的な心身のトレーニングが待ち受けている。

それは着衣をむしりとられただけではなく心まで裸にされて、義理の娘とともに際限のない色事に翻弄される――原作者の表現を借りれば、よよと泣き崩れながら、マゾヒズムへの変貌とリアクション、開き直りが求められる。

そこに読者の欲望として投書によるイマジネーションが次々に著者のもとへよせられる。その際限のない色事の展開と熱望に鞭打たれるように、作家・団鬼六が時に苦悶をつづけながら十数年も書きつづけたエロスの一大エンターテインメントが『花と蛇』である。

そのエロチシズムの基調は日本の伝統的な女性美ともいうべきもの――ある種の様式美に彩られている。そして一九六〇年代ごろの性風俗、当時の常識から言えば小説『花と蛇』の世界は背徳的な美意識を刺激するドラマだったといえる。

後述するように、ある必要から原作『花と蛇』は二度も眼を通していた。だからそのシナリオを読んで「なんじゃ、これは？」とおもい、同時にミステリー風なトップシーンからでよかったのではないか、と残念でもあった。

三　異色『裏窓』

一九六一年（昭和三十六）、六〇年安保闘争の翌年の夏だった。

東京中野区松が丘――近くの哲学堂公園を見下ろす丘の上、まだ畑が点在するまばらな住宅地にある木造二階建て、一階は倉庫となっている久保書店（あまとりあ社）の二階の事務所に、『裏窓』編集長・美濃村晃を訪ねた。

久保書店はＳＭをテーマとする異色の月刊誌『裏窓』のほかに、当時アメリカのハードボイルド派のミステリー誌『マンハント』の日本語版の出版権を得て発行していた。

その翻訳担当のひとりに京都出身の山下諭一がいた。高校時代から英語にすぐれていて『マンハント』のほかにもミステリー関係の翻訳者として仕事をしていた。

彼の京都の高校での同窓生に藤原惣一郎がいた。その藤原とは東京練馬区江古田で、大学時代に友人として親しいつきあいがあった。藤原は二浪して早稲田の露文科に入学、チェホフの戯曲を専攻する学生だった。京都にいる母については多くを語らなかった。祇園で名のとおった芸妓だったという噂も耳にした。父については一言も口にしなかった。

一九五〇年代の終わりから六〇年代の学生時代後もふくめて彼は貴重な体験をさせてくれた。まずひとつは当時ＬＰレコードによって普及したクラシック音楽についてであり、名曲喫茶への出入りがそれである。また、来日したオーケストラをふくめて、その演奏会――生の音楽に接する機会も体験させた。さらに古典バレエについても、ボリショイバレエとか、レニングラードバレエの来日公演のさいには入場券まで用意して誘ってくれた。四季折々にはリュックを背負い、山歩きすることも体験させた。

大学に八年近く在学し、アルバイトと映画三昧での卒業後、東京西神田にあるあかね書房という児童書の編集部に入社したが、大人の雑誌か書籍の編集をやってみたいと考えているとき、藤原惣一郎から「久保書店という出版社へ面接に行ってみないか、高校時代の同窓のひとりから話があったけれど、おれは外資系のＢＧＭ（バック・グラウンド・ミュージック）の配信会社で編曲の仕事をしたいと考えている」ということで、その身代わりのような形で面接に行くことになり、その前に荻窪で一家を構えていた山下諭一を紹介された。

京都で高校時代から交際があったという奥さんと、三歳ぐらいの可愛い女児の家庭だった。

「月給は安いとおもうけれど、自由のきく出版社だよ。電話しておくから面接に行ってみれば」ときわめて好意的だった。

編集長の美濃村晃はいつも午後出社ということだったので、面接に出かけたのは近くの松の木でミンミン蟬がないている残暑のきびしい午後だった。

「明日からでも、いいですよ」

履歴書に眼を通して編集長は言った。

「給料は安いです。その点は頭に入れておいてください」

と笑みを浮かべた。編集長は夏でもスーツにネクタイである。脱いだ上着をすわっている後ろの書類棚に掛けていた。

美濃村晃も京都の出身と聞いた。山下諭一も京都、その同窓生の藤原惣一郎も京都、そういう出生地になにか親しみがあったのであろう。

こうしてきわめて簡単な面接で『裏窓』という異色の月刊誌の編集見習いとなった。

久保書店では『マンハント』の編集担当が三人、そして『裏窓』がベテランの女性編集者と編集長をふくめ三人、ほかに書籍担当の編集者がふたりいた。『マンハント』も『裏窓』も、中とじ二百ページほどのしゃれた装幀の月刊誌、四万部ぐらいの発行部数だったと記憶している。

ベテランの女性編集者・滝元喜美に雑誌編集のイロハから教えられた。市井の好事家の投稿と、一部は常連の寄稿によって毎月の誌面がうめられていた。

四　美青年・団鬼六

入社して間もなくである。

「京太郎さんとこへ、行こか」

編集長の誘いで出かけた。

京太郎さん——とは「花巻京太郎」のペンネームで原稿を寄せてもらっているひとりだった。その寄稿家が後に「団鬼六」のペンネームでSM雑誌、SM界の——第一人者になろうとは、ご当人はもちろん、当時はだれも予想しなかったであろう。

新宿から京王線ですぐの笹塚駅から、歩いて十分ぐらいの平家の一軒を借りて、花巻京太郎は独身暮らしだった。

「エロ雑誌の編集者なんかしていても、しゃあないやろ。テレビの台本を書かないか」

と初対面で花巻京太郎から言われた言葉がこれであった。

そのころ第二東映の流れを汲むテレビドラマが放映されていた。警視庁物語のような事件ものである。犯人（容疑者）が逮捕されるシーンではサイレンを鳴らしてパトカーがやってくる。東映のニューフェイスだった波島進が主役のような番組だった。

花巻京太郎がそのシナリオを書いているという話は編集長から聞いていた。さらに小説『大穴』（五月書房）という株取引にかかわる作品を出版して映画化されたということも聞いた。関西学院大学の学生時代、株価の変動に関心を持ち、その取引の実体験が小説の素材になっているという。それと鬼プロ時代（後述）に一度だけ出会ったことがある彼の父が、近江商人の血を引く相場師であったと耳にしたことがある。

こうして美濃村晃に連れられて、花巻京太郎こと団鬼六との初対面で強く記憶に残ったのは、その二十代の顔立ちは面長で俗にいう鼻筋の通った品格のある美青年、という印象だった。

二度目に花巻京太郎と会ったのは新宿三丁目の「まつ」という和風の飲み屋だった。そこは美濃村晃や『マンハント』の編集長・中田雅久が利用している店で、気安いおかみさんがひとりできりもりしていた。そのとき後の団鬼六は、

「おれ、このままエロ雑誌の、エロ原稿を書いていて、ええやろかなー」

と自問自答するようにもらした。

エロ雑誌のエロ原稿——決して軽蔑した言葉とは受けとれない。ものを書く人間、小説家としての、ふと口をついて出た言葉、自問自答だったとおもう。もちろん、彼の言葉を借りれば——エロ雑誌『裏窓』の見習い編集者では、どう答えていいか、すぐに言葉が浮かんでこなかった。

これも美濃村晃からすでに聞いていたが、京太郎さんは前に『オール讀物』（文藝春秋）の新人賞に作品を応募したことがあり、そのときは当選作はなかったが、優秀作として入選したことがある、という話である。

かつての小説『大穴』の映画化、テレビドラマの脚本、そして『オール讀物』での入選作——これらを考え合わせると、当時は二十代の花巻京太郎（団鬼六）にとって、「このままエロ雑誌のエロ原稿を書いていてええやろか」という言葉は、二十代の若さにある胸のうち、その正直なつぶやきだったのではあるまいか。

五　喜多玲子と伊藤晴雨

『裏窓』編集長・美濃村晃もまた並の者では及ばぬアーチストだった。それは画家というべきだろう。美濃村は「喜多玲子」の筆名で数々の「責め絵」を描き、多くの愛好家に支持されていた。その本質は「絹絵《きぬえ》」に象徴されるだろう。

「絹絵」とは（あるいは衣絵という文字を当てはめるべきかもしれないが）多分、美濃村晃自身が、「絹」または「衣」という布地に画《えが》くこと、その思いのたけをこめて名付けたのではないか、と想像する。上質の絹の布地に日本画の繊細な筆致で画かれた近代版の浮世画（責め絵）ともいうべきものである。

一度だけ、そっと巻紙のようなそれを見せてくれた。孟宗の竹やぶのなか、筍が生えている竹林、旅姿の娘が後ろ手に縛られて色ものの裾の乱れもあらわな秘画――責めの絵であった。

これが「喜多玲子」なのだ――とそのすごさのようなものが眼に焼きついた。それは公刊されている雑誌で眼にする挿絵とはまったく別世界の――覗いてはならないものを見てしまったという後ろめたさを感じさせるものだった。

ちなみにこの「喜多玲子」という存在について、斯界《しかい》の先駆者・伊藤晴雨は美濃村晃であるとは信じようとせず「喜多玲子はきみの奥さんだろう」と言って承知しなかったという。この話を美濃村晃から直接耳にしたとき、ふとこうおもった。

伊藤晴雨には、喜多玲子は女性である、女性であってほしい——という強い思い、願望があったのではないか。あの絹絵（責め絵）を画く思い、それが男性のイマジネーションによるものではなくて、女性のイマジネーションで画かれたものであれば——と、強い願望もまた、ひとつのイマジネーションである。喜多玲子の絵を見て、その思いが晴雨のなかに強く焼きついた願望だったのではあるまいか。

画・喜多玲子（『風俗草子』1953年9月号口絵「縛り絵六景」より）

伊藤晴雨についてもうひとつの思い出は、一九七一年（昭和四十六）に『緊縛大全』（芳賀書店）を撮影・篠山紀信、構成・宇野亜喜良、監修・団鬼六で出版したときだ。このとき縛りを担当したのだが、その編集過程で宇野亜喜良が伊藤晴雨の一文を掲載したいと言い出した。

そこで古い雑誌の『風俗草紙』（日本特集出版社）からその一文を掲載することになった。著作権の了解をとるため、遺族のひとり、娘さんが東京豊島区内で小さな酒場を開いていると耳にして、昼間その店を訪ねた。

当時、もう六十代に近いとおもわれる娘さんは「ようお出でくださいました。うちのおじいちゃんの書いたものがお役に立つなら、どうぞお使いください」と親切に応対してくれた。

店は住まいとつながっていて、奥から単衣《ひとえ》の寝間着姿で「よう」と、晴雨が姿を見せるかもしれない、そんなたたずまいであった。

そして晴雨の娘さんはさらに「おじいちゃんのものが勝手に使われていることはあっても、めったに私どものところまで見える人はいません。ようお出でくださいましたね」と喜びを顔に見せた。そして、こうも言った。

「おじいちゃんは変なものを描いたりして世間から厭な眼で見られていますが、本当はやさしい、よいおじいちゃんでしたよ。もとは歌舞伎の舞台美術のような仕事をしていたのですから」

伊藤晴雨が歌舞伎の仕事にかかわりがあったことは美濃村晃からも耳にしていた。

六　クランクイン・谷ナオミと再会

一九六〇年安保闘争の翌年の夏、月刊誌『裏窓』の見習い編集者として入社して、美濃村晃（喜多玲子）、花巻京太郎（団鬼六）との出会いがあって――日活撮影所で谷ナオミ主演映画『花と蛇』の撮影現場に新米のスタッフとして参加するまでに十数年の歳月が経つ。

この間のことについては折々に述べるとして、美濃村晃と団鬼六から得たものは、ある点で共通している。それはエロチシズムと、そのイマジネーションのひろがりであり、エンターテインメントである。

昔からの日本的な表現を使えば――湯文字・腰巻につつまれた女体の奥部の耽美《たんび》な世界――そのエロスのあたたかな匂いのような世界でもあろうか。

一般的に言えば、小説などを原作として映画化するときに、その原作どおりにシナリオをつくることは必ずしも必要ではない。脚本家や監督が映像作家としての自由な発想で原作を叩き台として、完成した映画が見る者に面白く、感動させるものであればよいだろう。その場合は原作以上の出来が望ましいし、それが求められよう。

そこで多分、団鬼六『花と蛇』の大長編小説を前にして、脚本家、監督、さらにはプロデューサーらは中途半端に原作にこだわり足を引っ張られるよりも、彼らのＳＭ世界『花と蛇』を映画化しようと、台本づくりに取りかかったのではないか。

その『花と蛇』がクランクインした。

原作とはドラマの設定やストーリーが別の台本であっても、現場ではどう監督の期待に応えるべきかを考えねばならない。初めて体験する本格的な映画づくりの現場である。

小沼組のスタッフは四十名ほどいた。この大勢の裏方たちが一体どういう担当なのか、初めは皆目わからない。ただ新入りに対して彼らは親切であり協力的だった。

久しぶりに谷ナオミと再会したのは、さわやかな五月、日活撮影所の中庭の食堂の前だった。長い黒髪を無造作に束ね、薄いブルーのサングラス、白のブラウス、スリムなジーパンにハイヒールという装いだった。撮影所に出入りするときの谷ナオミは、いつもパンタロンかジーパンで下肢を人眼にさらすことはなかった。裸を売りものにしている女優であることを心して、肌の日焼け防止に気をつけていたのだろう。

昼休みで、彼女の出番は午後からだった。様々な人間の集まりである撮影所、その食堂の前に立っているのが眼に入ったらしく、やあ——と手を上げ、足早に近づいてきた。ボディビルで鍛えたような屈強の若者を付人として従えていた。このときの谷ナオミの印象は後々まで忘れられない。

「お茶、飲もうよ」

手を引っぱるように食堂へ入る。空席を探してテーブルにつくと、付人に命じてセルフサービスのコーヒーを持ってこさせた。コーヒーはふたつだけだった。

ねえ——と、何か大事なことをささやくときの谷ナオミのくせは、相手の耳もとにそっと顔を近づけることだった。

「うちのマネージャーから聞いているかもしれないけれど、舐《な》められたくないから、お互いに頑張ろうよ」

これが谷ナオミの映画『花と蛇』のクランクインの第一声として耳に残った。たとえ斜陽化しているとはいえ、日活撮影所の映画づくりは町場のピンク映画づくりの比ではない。所詮、町場のピンクスターがと陰口をたたかれたくない。そのプライドがある――それは彼女のプロとしてのこの映画に対する意気込みであろう。

最初に日活撮影所から話があったとき、谷ナオミのマネージャー山辺信雄から、遠慮することはないからびしびしやってくれよ、ナオミにもその点についてはよく言ってある、と電話を受けていた。マネージャーとは以前からの知り合いで、日活からの話も彼の紹介である。

後述のように、数年前に目黒の団鬼六邸で「女ねずみ小僧」のタイトルで谷ナオミの写真集の撮影をしたときよりもなぜか親しみがもてた。そうだ、舐められてたまるか、とおもった。

「大丈夫だよ、やるよ」

と自信のほどを笑みで応えると、ほっとしたようだった。

記録を調べると、谷ナオミは『花と蛇』で主演する二年前（一九七二年）、『しなやかな獣たち』（監督・加藤彰）で日活映画に初出演している。これは田中真理などとの共演による普通のポルノ映画である。すでにピンク映画界では六〇年代の終わりから活躍していた谷ナオミがこの作品でどう評価されたかわからないが、それから二年経ち、団鬼六のSMもの『花と蛇』の主役という企画を日活に持ち込んだのは、それなりの覚悟があったのだろう。

そのころ日活撮影所内では、SMもののポルノに対してある種の偏見のようなものがあったと耳にした。それは男の出演者たちでさえ、SMものと言えば敬遠するムードがあったのをみても察しがついた。

七　ぐるぐる巻きで撮影中断

映画『花と蛇』がクランクインして何日めであったか、地下室に監禁されているヒロイン遠山夫人静子（谷ナオミ）の縛り方について、小沼勝監督との間に決定的な意見のちがいがあり、トラブルが生じた。撮影が中断した。時間が金銭にも換算される撮影現場においてである。

監督の狙い、要望は、極言すれば、地下室に放置されている静子の全身をロープでぐるぐる巻きにしてくれ、というものだった。彼女は全裸というシナリオの設定である。

これに対して浦戸宏のイメージは、全裸はシナリオどおりとしても、静子を地下室のなかで高手《たかて》小手《こて》（後ろ手に縛った両手首をぐっと背中の上の方に決めて胸縄――胸の縛り）に決め、腰にいましめの股縄を一本打ち、顔をうつむけに膝を崩してコンクリート状の床にすわらせておく。

団鬼六流に言えば、黒髪はおどろに乱れ、豆絞りのさるぐつわをされている――静子夫人の放置のイメージだった。

ところが監督は全身をミノ虫のごとくロープでぐるぐる巻きにしてくれ、と強硬である。強硬に言われると、つい、新米の裏方にすぎない分際を忘れて意地を張ってしまった。

監督が望むように、爪先から頭のてっぺんまでぐるぐる巻きにするには一本のロープでなければ面白くない、つなぎ合わせたロープではだめだ、と言い張る。

すると監督は、「所内にあるだけのロープを持ってこい！」と助監督に怒鳴った。

他のスタッフは全員、新米の裏方と監督とのむき出しのやりとりを無言で見守っている。

ほどなく助監督たちが撮影所内でかき集めたロープを両手に抱えるようにしてセットに持ち込み、床の上に置いた。

それは、とても女の柔肌をぐるぐる巻きにできる代物ではなかった。持ち込まれたロープの類を眼にして、プライドというよりは、美意識を踏みにじられたような思いが噴き出した。

「こんな、くだらない縛りをするために、きたんじゃないぞ！」

言葉が口をついて出た途端に仕舞った！　という後悔の念と、さっと場がしらけるのを感じた。見守る大勢のスタッフは皆無言、だれひとり口をきこうとはせず、沈黙を守っている。これがこたえた。監督も無言だ。

そのとき脳天を木刀で叩かれたような衝撃が走ったのは、谷ナオミの一喝だった。

「あんた！　言いすぎよ。プロならプロらしく、監督の言うとおり、しなさいよ！」

コンクリート状の床、その敷物の上に全裸ですわり、縛りをまつ谷ナオミの、下から見上げる眼差しに気迫がみなぎっていた。

この谷ナオミの一喝と気迫が、誰もが危惧した最悪の場を救うことになった。

たしかに理由はどうであれ、大勢のスタッフが参加しての撮影中、ぐるぐる巻きにしてくれ、という監督の意向に、その縛りやロープが気にいらない、と、拒否の態度をとるのは配下のスタッフとしては異常な行為である。

スタッフ全員がそれを緊張して見守るなかで谷ナオミから、

「プロならプロらしく、監督の言うとおり、しなさいよ！」

と一喝されたのが何よりも救いだった。これはプロとしての谷ナオミの配慮である。


映画づくりの場においては監督に絶対的な権限が与えられている。作品の出来、不出来について全責任が問われる。配下のスタッフは監督の指示や要望に可能なかぎり協力する。これはプロとしての心得だろう。新参者が監督の意向に不服を唱えたりするのは、まさに異例である。本格的な映画づくりの現場や斯界に無知であったとしても普通は容認されることではない。

仕事には情熱的で妥協しない一面をもつ小沼監督が、分別のない新参者の態度を黙認したのは、今回が初めてだし、撮影所でめしを食ってきた人間ではないから仕様がないな——という寛大さからではないか。

八　スタッフが無言の環視

谷ナオミの一喝で救われ、アホなことを口走ったものだ、という思いをかみしめ、スタッフたちが無言で環視するなか、助監督が持ちこんだ床のロープの山から一本を手にとる。

谷ナオミと眼が合うのを避けるように身を屈めた。床はコンクリート状で、敷かれた古い毛布の上に谷ナオミは膝を崩してすわっていた。毛布は彼女のためにスタッフが用意したもので本番のときは取りのぞく。こういう裸になる女優たちへの思いやりが、いつも現場のスタッフたちにはあった。

ひと口に全身をぐるぐる巻きに縛れと言われても、女の体には起伏があり、口で言い、頭のなかで想像するほど簡単にはいかない。

かつて鬼プロ時代に縛り写真の撮影でモデルを簀《す》巻《ま》きにするかわりに、足首から肩まで丹念にぐるぐる巻きに縛ったことがある。それは面白半分というか遊び気分だったから、思いのままロープをからめてゆけばよかった。

そのときの経験から言えば、上（肩の方）から下へロープを巻きおろしてゆくよりも、下（両足首）から上へ向かって巻きあげてゆく方がロープのたるみがなくて、びしっと決めることができた。両足をそろえて立ち、両手は後ろ手にしてヒップの上あたりで手のひらを交差させ、肘は両脇にくっつけてもらう。

手っ取り早く全身をぐるぐる巻きにするには、この方法しかない。そこで床の毛布の上にすわっている谷ナオミに立ち上がってもらい、まず両足首をひとつに括って縄止めを決めた。それから上に向かって巻きあげてゆく。そのさい一本の長いロープで、ロープの隙間をなくして、ぐるぐる巻きの縛りが一度にできれば良いが――ドロ縄式にかき集めたロープではどうにもならず、かつまた沈黙して見守るスタッフたちのためには事を急ぐこと、それしかなかった。

ロープの太さも大小さまざまなら、長さもちがう。そういうロープをつなぐようにしてからめてゆく。膝、太股、そしてヒップからウエスト、バストへという体の線、その起伏でロープのゆるみが生じないように注意する必要があった。

さりとてロープのたるみをなくすために、あまりきつく巻きつけることはできない。手の指を糸できつくぐるぐる巻きにすると指が紫色になり痺《しび》れてしまう。身体だって同じである。

注意すべきは豊かな肉体の起伏でロープのたるみが生じないようにすることと、血液の循環に支障がない程度にロープを巻きつけてゆくことだ。その上、不揃いのロープをつなぎながら仕上げてゆくのは余分な手間がかかることだった。

スクリーンの映像からではなくて現実に眼にする谷ナオミの実像、その容姿はどちらかと言えば小柄なタイプの女性だった。ヒップや太股にも程々に肉付きがあり、とりわけバストが大きかったので、映画で見るとグラマーなタイプに映るのである。ちょうど映画『花と蛇』で主演したころはあぶらが乗りきっていた。

縛られるときの谷ナオミが特に気をつかっていたのは豊満なバストを、いかにかたちよく見せるか（キャメラに入るか）にあったようにおもう。彼女は、バストの縛りに被縛のセールスポイントを置いていたといえる。だから胸縄の掛け方、決め方については少々きびしくても苦情や弱音を吐か

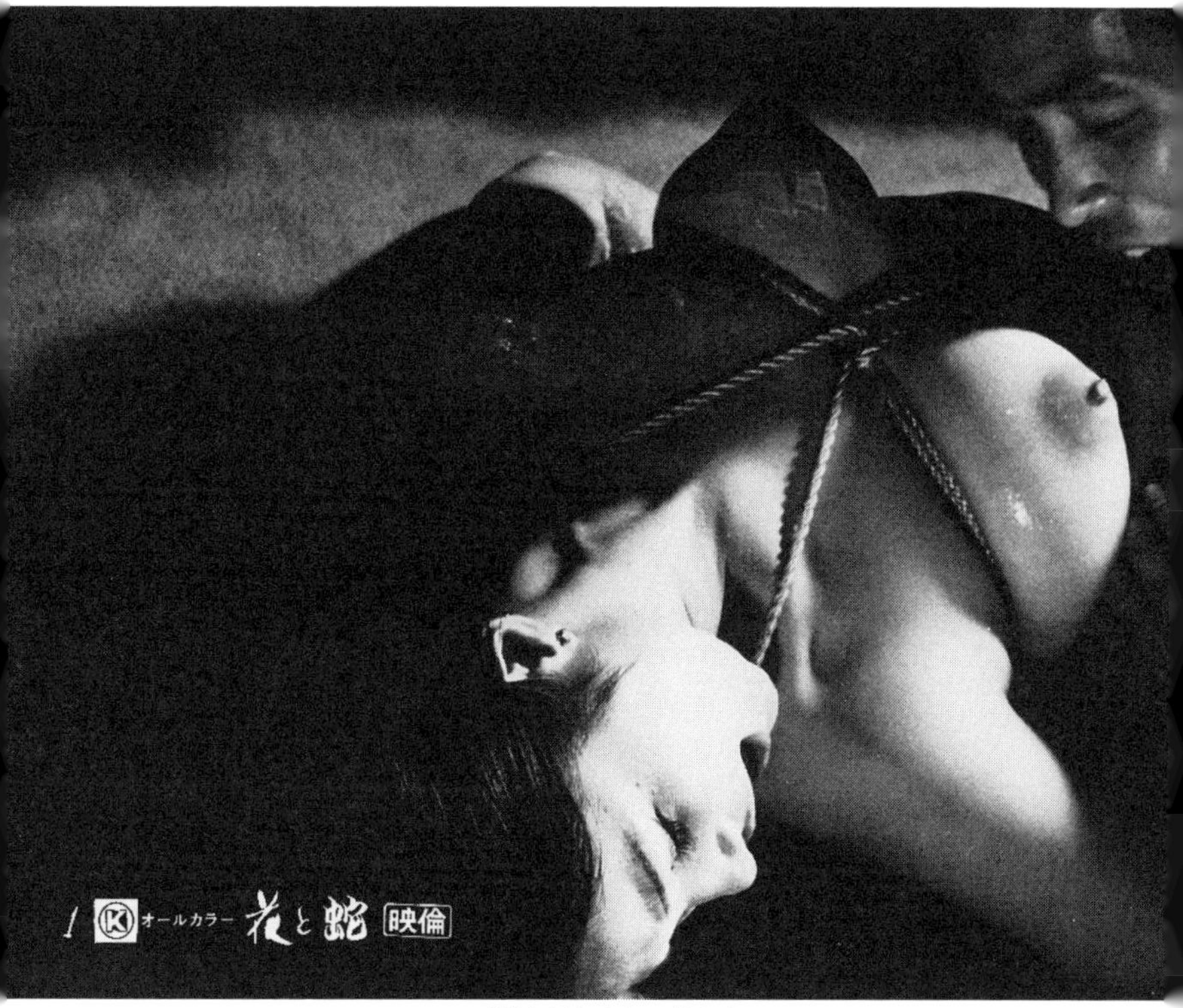

『花と蛇』より　谷ナオミ

なかった。むしろかたちよく見せるために、きびしく縄を決めることに注文さえつけた。苦痛や悦楽の表情は演技で表現できるけれども、縛り、縄掛けは演技以前のものである。ごまかしがきかないものだ――ということを谷ナオミは一番よく理解していた女優である。

無言で縄捌《なわさば》きを見つめるスタッフたちの環視のなかで、縄掛けに躊躇するような仕種はプロとして禁物である。

立像のように立っている谷ナオミに、ロープをからめることに集中した。全身が汗ばんで、額からも汗がふきだしていた。

この間、美術担当のスタッフのひとりから手助けしてもらった記憶がある。その手助けはきわめて控えめに、である。たとえば巻きつけているロープに捩《よじ》れが生ずると、縛り手の作業がしやすくなるようにロープの捩れを戻す、という具合に、さりげない手助けであった。

後に、撮影所通いを繰り返すうちにわかってきたことだが、映画の撮影所では、映画が盛んだったころから、その裏方たちは、役者（出演者）や監督とは異なり、表舞台に立つことのない苦労人である。それだけに実に人の心がわかり、読める、分際をわきまえた人たちの集団である。たとえば自分の担当外のことに口出しするときは、当事者のプライドや気持ちに配慮して控えめな口調になる。この心配りは、ひとつには映画づくりというものがスターや監督だけのものではなく、スタッフ全員の共同作業であるということを知りつくしているからだろう。

さて、監督の意向にそって谷ナオミの全身に幾重にもロープをからませてから、立ったままの谷ナオミのその姿を突き放すように眺めた。

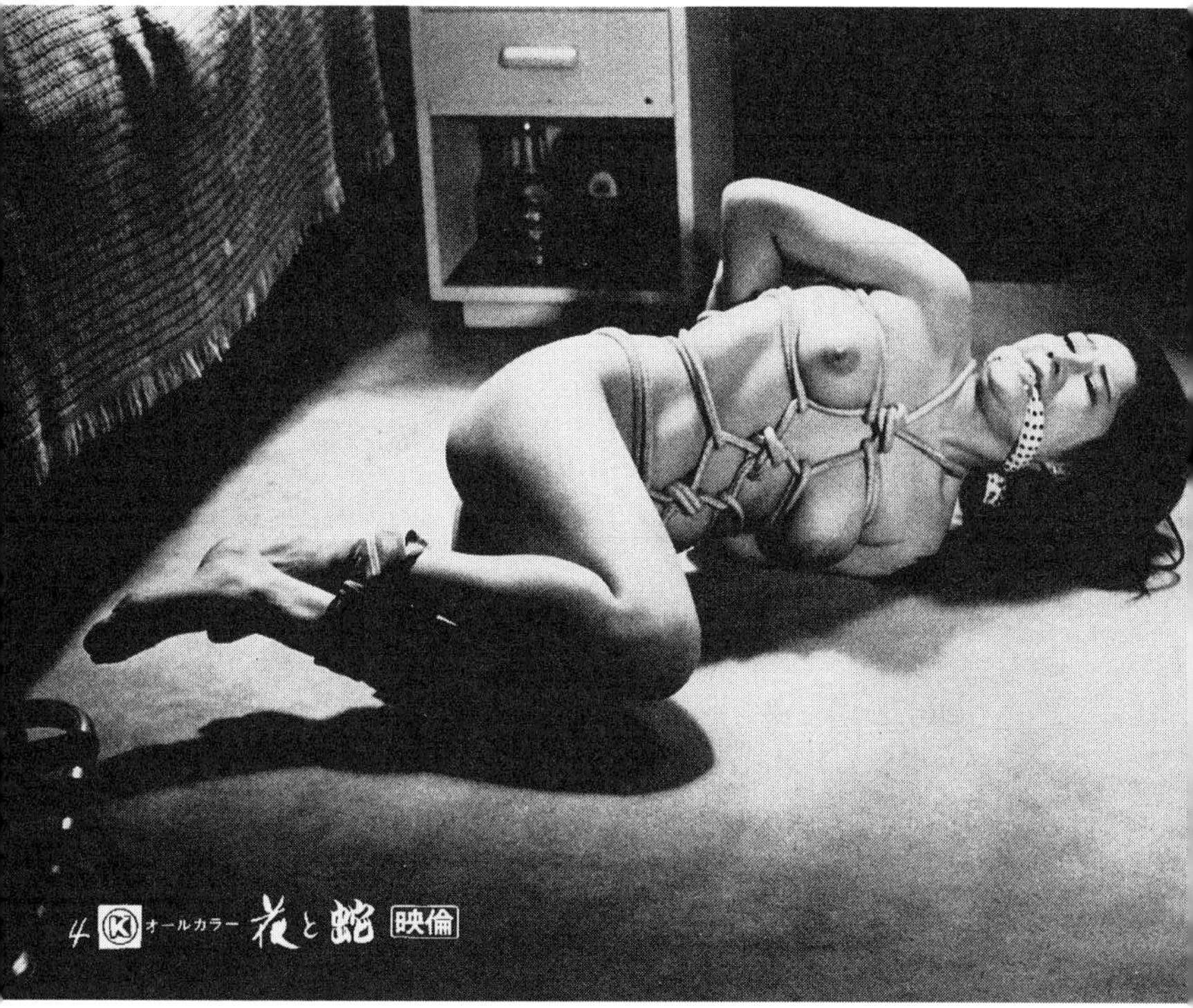

『花と蛇』より　谷ナオミ

ふと、監督が描いているであろう画《え》コンテ、静子夫人放置のねらいのようなものが読める。同時に自分の美意識や嗜好に固執することもないな、というおもいがした。

九　縛りの浪漫・物化

四十名におよぶスタッフによって進行する撮影、その現場では私的な同情は通じない。ぐるぐる巻きにされた谷ナオミは、助監督など数人のスタッフにそっと抱え上げられてから、改めて地下室の床の上に、やや斜めに体をふせるポーズで置かれた。そのさい下肢をややくの字に曲げてポーズをつける。そのために立ち姿でぐるぐる巻きにしたロープに、ゆるみが生ずる部分と、きつく締まりが生ずる部分が出る。それでも谷ナオミは眉間《みけん》に苦痛を示すだけだった。

放置されて、かすかに身をうごかしている、そういう設定であるから、キャメラの位置が決まり、ライティングが決まれば、三十秒たらずのフィルムを回すだけでこのカットの撮影は終わる。

キャメラテストのさいに谷ナオミの微妙な身の動きに乗じて、肘や太股のロープにゆるみが見えた。そのゆるみが自称ロープマンとしてはひどく気になる。キャメラは冷酷というか、ごまかしがきかない。ロープのゆるみは艶消しである。そこでテストをおえて「本番！」というとき——ちょっとだけ我慢しろよ、とその部分のロープを締めなおした。

ここでひとつの仮説を立ててみる。もしこのとき床の上で、ぐるぐる巻きにされてかすかに身うごきしているヒロイン静子夫人の顔も、別の細引き（ロープ）でぐるぐる巻きにしていたとすれば――これは独断と偏見であるが、静子夫人を女性＝人間としてではなく、ひとつの物＝物体として扱うということになるだろう。

縛りとは、身体を拘束することであり、羞恥心をあおることであり、逃亡するのをつなぎとめておくことである。これらは同時に肉体的な苦痛をもたらすことから拷問にもつながり、肉体だけではなく精神的な自由も拘束することになる。

さらに言えば、自由とか羞恥心とか苦痛とか、そういう日常の人間的な生理感覚を完全に抹消することは不可能であるが、しかし遊びのイマジネーションとして物体化するということは可能ではないか。つまりマゾヒズムとは一般的には心身の被虐趣味――精神的肉体的な苦痛をうけることによる性的倒錯趣味――と辞書には説明があるけれど、煎じ詰めれば人間（男でも女でも）の物化・物体化、というイメージにつながるのではないか。

映画『花と蛇』は一九七四年五月に撮影、翌六月下旬に封切されている。

日活としては初めての本格的な、と言えるかどうかは別にして――ＳＭポルノ作品だった。そこで客の入りもさることながら、この種の映画に対する世間体にも少なからず気配りしていたようだ。ロマンポルノ路線も三年めをむかえて少し鮮度はおちたけれども着実にファンを獲得していた折りに『花と蛇』の登場である。

『花と蛇』より　谷ナオミ

「団地妻シリーズ」で売り出した白川和子のからっとした猥褻感や『四畳半襖《ふすま》の裏張り』の宮下順子の湿っぽいお色気――このふたりに比べて谷ナオミは、たとえば日常的な生活感を感じさせぬ芝居小屋育ちの花形役者というキャラクターの持ち主である。

そんな谷ナオミの女優としてのキャラクターは団鬼六世界、つまり非日常的なお芝居とでもいうべきSM世界の女を演じるには打って付けだった。その谷ナオミが主役の映画『花と蛇』はクランクインの時点から一部に偏見と好奇の視線を集めながら、興行的にはヒットした。しかし、当然のことながら原作者・団鬼六の、映画『花と蛇』についての評価はかんばしくなかった。それは一言で言えば、映画『花と蛇』と原作『花と蛇』とのへだたりである。

さらに浦戸宏の独断で谷ナオミの両手を大の字に手首を縛りつけて、両目を細引きのロープで縛ったもうひとつの地下室のシーンがあるのだが、こちらは眼で芝居をする女優の、その眼を縛るとはどういうことか、と不評をかったようだ。

十　花嫁縛りのシナリオ

日活ロマンポルノ作品の撮影日数は原則として少予算のため、どの作品も二週間ぐらいであった。これはかなりきびしい撮影日数である。したがって撮影所内のセットでの撮影は徹夜することが多かった。

上映の尺数（上映時間）はどの作品も六十分から七十分以内に、といちおう定められていた。尺をのばすということは、それだけフィルムを多く使用することになり、単にフィルム代ということではなく製作費全体がふくらむのである。そういうきびしい撮影条件のなかでスタッフはよく働き、出演者たち、特に裸になる女優たちはそのきびしさのなかでよく頑張った。とりわけ寒い時季の撮影は彼女たちにとって大変であった。


つづいて参加したのが『生贄夫人《いけにえ》』である。これは同じ一九七四年十月下旬に封切されているので、撮影はその九月中旬から下旬にかけてであった。この『生贄夫人』については台本づくりの段階から意見を求められた。監督・小沼勝、脚本・田中陽造は、前作『花と蛇』と同じである。

残暑のきびしい八月下旬の午後だった。新宿駅西口のやきとり屋で、小沼監督から脚本家を紹介された。そこでまず話題となったのは前作『花と蛇』についての団鬼六による批判をふまえながら、次作についてどう取り組むかであった。

「映画づくりの場から見て、どのような縛りがいいか、縛りの設定みたいなものを教えてほしい」という話を両氏からまず受けた。

縛りの設定――まず縛りありきか――とおもった。映画は画《え》づくりである。だからどういう画をつくるか、それが縛りの設定というわけかな、と考えた。よかろう、それが話し合いの入口になるならばと、つぎのことを描いた。

女を裸にひんむいて縛るのもひとつのパターンなら、着衣のまま縛るのも想像力をかきたてる点では嗜好のひとつとして、縛りのイマジネーションのジャンルである。そんな持論からつぎのように答えた。

映画は観客の側からすれば娯楽であり、ユメである。同時に縛りの嗜好の持ち主にすれば、日常生活では容易に実現できないユメのような遊びとして映画に期待するものがあるだろう。たとえばそのひとつとして絢爛豪華《けんらんごうか》な衣裳をまとった花嫁縛りがある。

文金高島田に角かくし、白無垢の、花嫁衣裳に身をつつんだ生娘が神前にのぞむ姿は、見方を変えれば神の前に、生贄のごとく心身を捧げる儀式に見えてくる。さらに角かくしや白無垢の衣裳に身をつつむ、身をかくすというとき——その身は生身であり、肉体そのものである。その肉体は男次第、男の手捌きひとつで欲情の炎と化す、淫靡《いんび》な肉体ではないか——とイマジネーションをひろげながら、ふと谷ナオミの花嫁衣裳姿をおもい浮かべてみた。

やきとり屋の外はまだ陽の高い、冷房もなく汗が吹き出す午後である。店の片隅のテーブルで監督と脚本家を前にしてこう言った。

「花嫁衣裳——谷ナオミの花嫁衣裳でいきましょう」

もちろん監督も脚本家も一瞬、えっ！　という表情を見せた。それが彼らにとって意外であったと同時に、これはいける、とすぐに脳裏にひらめくものがあったであろう。

花嫁縛りについて強烈な——というか、深く印象に残っていることがあった。それは関西で発行されていた前記の月刊誌『奇譚クラブ』で、山本五郎という好事家の投稿写真を眼にしていたことだ。記事のなかの何ページかにわたり掲載されていたモノクロームの写真だったが、裸の女性を縛った写真の比ではなかった。裸体以上に、花嫁衣裳のモノクロ写真、その縛りにイマジネーションが突如、全開にされるほどの衝撃を受けた。もちろん日活撮影所とのかかわりを持つ、ずっと以前のことだ。

文金高島田に白無垢の花嫁衣裳に肉体をつつみこんだ花嫁縛りの画づくり、その画コンテが、こうして残暑のきびしい午後、新宿西口のやきとり屋での三人の話し合いから、谷ナオミの第二作『生贄夫人』のセールスポイント、そのイメージが決定したのである。

十一　ローソクにゆらめく白無垢

団鬼六のSM世界のヒロインは大きく分けてふたつのタイプがある。ひとつは純真無垢な深窓の令嬢タイプであり、もうひとつは知性と美貌に恵まれた令夫人ともいうべきタイプである。

映画『生贄夫人』は特にこれという原作があってのものではなく、要はイメージとして三人での話し合いから花嫁衣裳での縛り――花嫁縛り――それを画コンテとしてドラマに活かす、ということに焦点をしぼればよい。

完成した台本のストーリーはつぎのようなものだった。

谷ナオミの役は生花《いけばな》の師匠である。彼女には前ぶれもなく蒸発した夫（坂本長利）がいた。その夫がとつぜん彼女の前にあらわれ、強引に山中の廃屋につれこむ。どういう動機でそういうことをするのか——その辺の詮議だては脇に置こう。そこで屈辱的な責めを数々うけるうちに生花の師匠が淫らなマゾ女に変貌する。そういう筋立てだった。責めのひとつとして白無垢の花嫁衣裳を着せて縛りあげる、というのが見せ場である。

山中の廃屋で、文金高島田に白無垢の花嫁衣裳に正装する、そういうことがいとも簡単にできるかどうか、そういうことはこのさい脇に置くとする。この種の映画ではなんでも可能、と考えればよい。

和風の花嫁衣裳で正装した谷ナオミを高手小手《たかてこて》に縛り上げ、さらに廃屋の梁《はり》に吊り責めにするという画を思い描いていた。しかしこのシーンの撮影が予想外に手間のかかる撮影となった。もちろん廃屋の内部はスタジオ内にセットを組んでの撮影である。外景は奥多摩のそれらしい空家を借りて撮影済みだった。

ところが帯が邪魔で高手小手に縛ることもむつかしい。その上、正式にかつら、花嫁衣裳など身につけているので、その重量が意外に重くて実際に花嫁の両足が宙に浮く、宙吊りになっている、そういう花嫁の吊り責めを成立させるのは、頑張り屋の谷ナオミでも、両肘と胸に加わるロープの圧迫とその苦痛に耐えられず不可能だった。

ここでたとえ床から数センチにしろ爪先が宙に浮いている、実際に宙吊りになっている、そういう画コンテ——花嫁縛り責めの画づくりに固執したのは、小沼監督よりも浦戸宏だった。そのためにいくつかのテストをこころみたけれども、実現はむつかしい。

そこで、梁に吊られている花嫁の上半身と、そして吊り責めになっている裾、爪先の方とを分割して撮影する、ふたつにカットしてフィルムをつなげば、いかにも宙吊りにされているように、ごまかしで映像をスクリーンで見せることができる。その場合でもやはり花嫁が廃屋のなかで梁から吊り責めにされている、という引き画（ロングショット、フルショット）がほしい。

そこでごまかしになるけれども、映画はもともとウソをホントらしく見せるものであるから、花嫁衣裳の裾の内側にかくれてしまうような踏み台をつくるしかなかった。

こんなときの仕掛けの作業は美術部のスタッフが中心になり、ノコギリやらトンカチやら大工道具を持ち出してあっという間に取りかかり、希望のものをつくってしまう。

現場で即座につくられた花嫁の踏み台というのは、一本歯の高下駄のようなものだ。それを衣裳の裾の内側に入れて、谷ナオミに爪先立つようにして踏ん張ってもらう。もちろん上体が前屈みに倒れないように、高手小手に花嫁衣裳の上から縄をかけて天井の梁につなぎとめておく。

ここで肝心なことと大切なことは、キャメラが引き画のときには爪先が宙に浮いているように見せる。そのためには裾の方にかすかな揺れが生じるように、踏み台の上で爪先立ちになっている谷ナオミに、芝居というか、裾のかすかな揺れを演じてもらうしかない。

こうして人里離れた山中の廃屋で、ローソクの灯に照らされて揺れうごく谷ナオミの花嫁衣裳、白無垢の花嫁が天井の梁から吊り責めにされている姿は、一幅の画として、まずまずの出来ではなかったかと、いまでもそのときの撮影現場、セットでのことを思い出す。

『生贄夫人』より　坂本長利、谷ナオミ

この花嫁の天井の梁からの吊り責めなど廃屋内部の撮影の大半は撮影所内につくられたセットでおこなわれたが、外景など廃屋のロケーションは東京都下、奥多摩の檜原村の山ひだに実在する廃屋を借りておこなわれた。

そこは秋川渓谷のずっと奥の急な斜面に人家が点在する、道路から二百メートル以上も登る、その斜面に建つ平家、座敷だけでも十畳、八畳、四畳半に小部屋という広い和室づくりの、襖や障子が未だに残る廃屋だった。ちなみに持ち主は南米に移住したという話だった。

十二　下司の勘繰り

前作『花と蛇』が封切されてから『生贄夫人』の撮影に入る九月までの夏の間に、撮影所とはまったく別の場所で映画と関係のない仕事をする機会があった。それは谷ナオミのファンの集いとでもいう集まりであり、その席に招かれたというか、彼女の縛りを披露する会合だった。

ごく内輪の人たちの集まりとでもいうべきだろう。ピンク映画でデビューしてから劇団をひきいて芝居をつづけるなどするうちに、しぜんに谷ナオミのファンが酒肴の席をを持ちながら、ともにひとときをすごす、という親睦会のような集まりで、中年以上の男性たちであった。

谷ナオミから声がかかり、興味本位で出かけた。ファンの親密な集い——何か表では見られない裏の集まりではないだろうか、と勝手に想像して指定された駅前で待つうち彼女の車がきた。

最初のときは東京都内の某所、山の手の古い住宅地にあるこざっぱりした料亭風にも見えるお屋敷だった。八畳ほどの二間つづきの和室、品の良い紳士たちが十人ほど座卓をかこむようにすわっていた。

もう一度は横浜の、港が見える丘の上の洋館だった。ここに集う紳士たちも都内の場合と同じように品よく、礼儀正しい人たちだった。

舞台や映画館のスクリーンでは見ることのできない、見せられない――谷ナオミの裏の世界を覗き見するためにやってきた人たちにしては、どうも品がよくて、おだやかでものしずかな紳士ばかりである。しかしこういう紳士面のふところの豊かな人間ほど、実は谷ナオミの全裸の股間縛りにヨダレをたらたら垂らすんだと思い込み、内心そうなる情景、イマジネーションに期待して出かけたのだが、実際はまったくの見当ちがい、当て外れだった。

都内の某所での集いも、港が見える丘の上での集いも実は、谷ナオミの和装、長襦袢や赤い湯文字までのひとり芝居というか、被縛美の自作自演であるが、密室にひとしい和室だけに生々しいムードがある。そのなかで、様式美を活かした縛りを眺めながら酒肴を楽しむ紳士たちの、ほんとうにのどかな――というべき集いだった。

いつもふところのさもしい人間ほどせこく、銭勘定にすぐ思いをめぐらせてしまうけれど、古き良き時代の紳士たちというか、人のこころに余裕というものがあった時代にあそびを身につけた大人は、たとえば歌舞伎の玉三郎を豪華な料亭に招いて情を交わすごとく、日活ロマンポルノのスタ

『生贄夫人』より　谷ナオミ

ーである谷ナオミと接していたのである。そして谷ナオミも、そういうシニアの品格のある男たちの期待に十分に応えているのを目のあたりにして、彼女の人気の秘密というか、観客やファンの期待を決して裏切らない、芸人としての心意気を見せられたような思いだった。

二度にわたる谷ナオミのファンの集いで、紳士たちは縛りを見守りながら、谷ナオミのショウのあとで浦戸宏にもいくつか問いかけてきた。それは縛りについてのポイントであり、なぜ縛りの世界に興味を、ということでもあった。耳を傾けているおだやかな眼のかがやきを見ているうち、つい熱を入れて、縛りのイマジネーションについて喋っていた。

谷ナオミの裏の世界が覗けるのではないか、という下司の勘繰りみたいな気持ちで出向いて眼にしたものは、女優・谷ナオミがファンを大切にしている姿だった。

港が見える丘の洋館での集いに出向いたとき、谷ナオミの付人になったばかりの東てる美が同行していた。もちろん初対面である。

「あたし、ピアノ習っているの」

と、そこの洋間にあったピアノに向かうとさりげなくキーを叩くのであった。

この東てる美が映画『生贄夫人』で衝撃的なデビューをする。

親しい知人のひとりが映画館で『生贄夫人』を見て新人・東てる美のクライマックスともいうべきシーンに、おもわずジーンと胸がつまるほど感動的だった、ともらした。新人のデビューには一段ときびしい小沼勝監督のしごきに耐えて演じたその東てる美について記してみる。

十三　衝撃的デビューの舞台裏

映画『生贄夫人』のクランクインは一九七四年（昭和四十九）九月中旬だった。その何日めであったか、東てる美の出番の日に小沼監督から紹介された。おたがいに横浜の港が見える丘で会っていたことは口にせず、よろしく——と初対面のごとく言葉を交わした。

彼女が谷ナオミの劇団の見習いとして入ったばかりだと、港が見える丘で会ったとき聞いていた。丸顔で眼がクリクリした女子高生という感じで、おとなしそうだが芯は強そうな印象をうけていた。

東てる美の役は、人里離れた渓谷の清流がそばを流れる洞窟のなかで、恋人の青年と睡眠薬を飲み心中をはかるが、谷ナオミの夫役（坂本長利）に発見されて未遂に終わる。そして恋人の青年とともに谷ナオミが幽閉されている廃屋にかつぎこまれる。

そこで、お定まりのというか、女ふたり、男ふたりの淫らなというべきか、SM的というべきか、四人の関係が生じる筋書きだった。『生贄夫人』でデビューした東てる美について強く印象に残っているのは浣腸のシーンの撮影のときだ。

なぜ浣腸なのか——と問われても説明しがたいが、やはり団鬼六の小説『花と蛇』のなかでもヒロインの静子夫人の羞恥心をあおり、心理的にその狼狽ぶりを弄ぶ手段、責めの方法として〝浣腸〟という言葉が用いられていたようにおもう。

もうひとつはビニール本というかなりエスカレートした写真集や、後に生撮りビデオといわれる類のなかには、実際に一〇〇ccから一五〇ccほどのガラス製の浣腸器に石鹼水を吸いこませて臀部から注入して、その排泄をビデオ撮りする、というものもあった。

要するにSMあるいはSMプレイのなかには、本来ならばあまり表ではできない、日常の常識をこえたあそびのようなものがある。脚本家はそう理解して映画『生贄夫人』のなかにそれ（そのひとつとして浣腸）を取り入れたのではないだろうか。


「絶対に浣腸を拒めないような縛り方をしてくれ」

これが小沼監督からの注文だった。少々暴れたとしても浣腸を拒めない状態に縛っておいて、心中未遂の娘に屈辱的な責め方をしたい、というのが監督の意向のようだった。

絶対に拒めないような縛り方――それだけなら簡単である。たとえば四肢（両手両足）を雁字搦《がんじがら》めに縛って床に転がしておく手がある。あるいは括り猿《くくりざる》のようにして天井の梁からぶら下げておけば拒むことはできない。それがおもしろいとの見方もあるかもしれないが、括り猿では肉体的な苦痛から女優には耐えられない。それに前貼りで股間を隠している部分がキャメラのレンズに入ってはどうにもならない。

そこで画コンテとして前貼りがじゃまにならず、浣腸という屈辱的な責めを拒めない、その女優のリアクションの撮影ができる縛り方を、つぎのように助監督をモデルにして縛り実験してみせた。

①　高手小手《たかてこて》に両腕を背中に密着するように捩《ね》じ曲げて縛る。
②　肩幅と同じぐらいに両足を開かせ、両足首を青竹に当てて括り固定する。
③　腰のところで九十度の角度に上体を折り、背筋を水平に伸ばす。
④　天井の梁に結んだロープを高手小手に縛った背のところにつなぐ――背筋を水平に伸ばしたまま上体が下がらないように天井の梁からのロープで固定する。
⑤　首にかけた別のロープを開脚したまま両足首を固定している青竹に結ぶ――九十度に折った上体を持ち上げようとしても首が上がらないように固定する。

「これで、本当に動きがとれないのか?」

監督はなぜか疑い深く訊く。

「実験してみましょう」

モデルにして縛った助監督の後ろへ回り、浣腸器のかわりに棒切れを手にして、臀部を突き出している助監督の肛門めがけてジーパンの上から棒を突きつける。

「いやだよ!」

まさか、ジーパンの上からとはいえ、肛門に棒の先端を突き刺されるとは考えてはいない若い助監督が弱音を吐いてケツをひねるのが、まわりで見守っているスタッフたちの失笑となった。

「動けるじゃないか」

小沼監督流の詰め寄り方である。そこで助監督の開脚した両足首を固定している青竹に片足をかけると、ぐいと力を入れて踏みつけた。

「いっ、痛いよ！」

「動けるなら動いてみなよ」

監督へのアピールとして青竹にかけた片足に、さらに力を入れて踏みつけながら、助監督のケツの穴のところにジーパンの上から再度、棒を突きつけて面白半分にいたぶってみると、

「おい！　やめて、やめてよ」

と本気で音《ね》を上げた。

無理もない。踏みつける青竹は彼の両足首をロープで固定しているので、青竹に力が加わるほど足首に受ける苦痛が倍増する。

「おい、動けるなら動いてみな」

と、これ以上助監督を痛めつけるのはいささかやりすぎかな、とおもいながらもウソっぽい、形だけのごまかしを認めない小沼監督を納得させるには、そのように実験してみせるしかなかった。同時に撮影部や照明部のスタッフたちにも事前に浣腸シーンの縛りのポーズ、そのコンテを示しておくのは役に立つし、束てる美にも見せておけば、どのような状況の芝居なのか具体的なイメージがつかめるだろうと考えていた。

十四　ニューフェイスの涙に拍手が

ちなみに小沼監督が浣腸シーンを撮るのは『生贄夫人』が最初だったとおもう。彼のその演出には作りものの排便のカットでそれらしく見せようという手は考えない。あくまでも縛りのディテールのようなものを見きわめた上で、浣腸されるときの羞恥、苦痛、屈辱など女優の芝居、その表情やリアクションに重点を置く。

新人の東てる美にもそれを引き出そうとして、それこそ、そのためにまるまる一日かかってもかまわぬ——という熱の入れようだった。たとえばそれは、一〇〇ccから一五〇ccぐらいのガラス製の浣腸器に石鹼水を入れて、最初にアヌスに当てられたときの反応、それからゆっくり注入されて体内に入ってくる冷たい液体を感じるときの、苦痛とも羞恥とも言い得ぬ心情のリアクションを新人女優に求めるのである。それが不十分だと見てとると——

「その程度の芝居ではプロとは言えぬぞ！」

と声を荒立て本気で叱咤激励しながら追いつめてゆく。満足のゆく表情やリアクションを引き出すまではステージの外は日が暮れ夜が更け、そして再び朝がこようが手抜きすることは絶対にない。

この監督のプロとしての厳しい扱《しご》きに耐えられるかどうか。ロマンポルノだから裸になれば事足りる、そんな甘いものではなく、プロとして女優の自覚が求められる。新人・ベテランを問わず、小沼監督の熱の入った演技指導になんとか応えようと歯を食いしばるタイプと、もう二度とあの監督とはだめよと音を上げるタイプと、ふたつのタイプの女優たちがいた。

映画『生贄夫人』で谷ナオミの夫役である坂本長利（この人にはどこか文学青年的なところがある役者だった）から、一〇〇ccから一五〇ccの浣腸液を注入される、そのときの東てる美の芝居、演じる表情について監督は事前のテストで事細かに表情のつくり方を求め、注文をつけた。東てる美は全身を不自由な形に縛られ固定されている。リアクションは顔のうごきや表情でしかあらわせない。しかも実際にアヌスへ注入するわけではないから想像力（イマジネーション）のはたらきが要求される。だから監督は身振り手振りをまじえて自分が納得できるまで、表情やリアクションのテストをなんども繰り返すのである。

たとえば一度めのアヌスへの注入のリアクションと二度めの注入のリアクションのちがいを、どう表情で見せるかについてしつこく問う。一度めも二度めも実際にアヌスへ液体を注入するわけではないから、演技者のイマジネーションによるしかない。そのイマジネーションを新人デビューの東てる美になんとか体で表現してほしい――これが監督の強烈な願望である。

大勢のスタッフが無言で見守るなかである。前述のごとく両足は肩幅と同じに開股して後ろ手に縛られ、上体は九十度に屈めた不自由な姿勢で固定されたままである。東てる美は監督のますます熱をおび声高になる怒声にも、じっと耳を傾けていた。

映画撮影所のスタッフというものは、食事をとるとき以外は、ほとんど立ちどおしである。それはセット内でもロケーションに出かけたときも同じである。

夜が更けて徹夜になるような場合でも、監督の熱の入れ方、役者たちへの演技の注文が理にかない筋がとおっている場合には、しーんと静まりかえって事の成りゆきを見守っている。もちろんその場合の役者たちの熱演ぶりがあっての話である。

これとは反対に監督がきわめてあいまい、役者たちもまたそれにつけて、だらだらと事がはこばぬ――そういう撮影現場においては裏方たちの不満は耐えられないほどの苦痛となる。

新人ながら小沼監督の怒声に耐える束てる美は、師匠でもある谷ナオミをライバル視するほどの気迫と根性の持ち主である、とスタッフたちも肌で感じていた。こうした雰囲気で撮影される映画のシーンというものは、監督、スタッフ、出演者が一体となっているだけに見事な出来ばえになる。

『生贄夫人』の浣腸シーンのクライマックスは、やはりがまんにがまんをかさねたすえ、ついにこらえきれずに排泄する屈辱的なシーンである。

「てる美、映画館でスクリーンを見つめている観客に鳥肌が立つような感動を与えるには、お前の芝居の出来にすべてがかかっているんだぞ。わかるか、客の眼を一瞬、釘付けにするような衝撃を与える、そのための浣腸シーンであり排泄の瞬間だ！　それをスクリーンにぶっつけるんだ、わかっているな！」

テストにテストをいくどとなく繰り返した後の本番直前、役者はもちろんスタッフのすべてが緊張しているなかで、小沼監督は自らも気持ちのたかぶりを顔面にみなぎらせて、その場の全員に、ダメを押すように強く言った。

東てる美の屈辱感をたたえた排泄のリアクションはNGなし、一発でOKだった。思わずスタッフたちから拍手が出た。新人らしい健気な奮闘ぶりがさわやかだった。

OKのカチンコが鳴った後、東てる美はしばしうつむいていたが、顔を上げたとき両の瞼から大粒の涙が流れていた。

映画はウソをホンモノらしく見せる。そこにドラマが派生する。東てる美のアヌスには一滴の液体も注入されていない。それでも監督の叱咤激励、きびしい注文と現場のスタッフの期待に応えるかのように、排泄の屈辱感を精一杯、見事に演じてみせたのである。

「てる美が排泄後にふっとわれにかえり、屈辱感から啜《すす》り泣きする、その嗚咽《おえつ》のたかまりに、音(音楽)をかぶせてみようとおもうけれど、どうだろうか?」

浣腸シーンの撮影をおえてセットを組んでいるカマボコ型のステージから屋外に出て、夜気に頬をなでられながらスタッフルームへと引きあげるとき、並んで歩いている小沼監督がつぶやくように言った。

深夜の撮影所は昼間の騒音がウソのように静まりかえっていた。

「いいですね――」

と答えながら、期待にたがわぬシーンになるな、と、仕上がりが楽しみだった。

映画『生贄夫人』が封切されたとき、親しい友人のYが、ぜひ見たいというので新宿の映画館で勤め帰りの時間帯に見た。Yは特にSMファンでもその種のマニアでもないが、お色気ものには興味をもち、勤め人ではあったが普通のサラリーマンというよりは水商売に近いビジネスマンだった。撮影所内の試写室で社内試写を見ていたが、映画館で見ると観客がどういう反応を示すか、肌で感じることができる。途中で「あ、ああー」と大きなあくびをするのではないか、撮影所通いを始めてから、そのへんについての関心が強くなった。

新宿の上映館を出るなりYが、

「すばらしいシーンだね」

と件《くだん》の浣腸・排泄シーンにいたく感動をしめした。そのシーンの音楽が、実に効果的に活かされていたのである。Yの感動はその音楽的な効果によるものでもある。

映画『生贄夫人』によって、ウソをホンモノらしく見せることの映像づくり、ドラマづくりに、あらためて強い関心をいだくことになった。

十五　ホンモノ・ニセモノ

かつて「SM的な」といわれるものについて一部に「あれはホンモノだ」とか、あるいは「あれはニセモノだ」という評価の仕方があった。たとえばSM雑誌の口絵ページに掲載される縛り写真について、これはモデルを縛ったモノだからホンモノではない、とか、これは市井のマニアの投稿したモノだからホンモノだ、という類の評価の仕方である。このようなホンモノだ、ニセモノだという短絡的な評価について、前々からある種の疑問を持っていた。

それが一九七五年（昭和五十）以降になって、ビニール本（ビニール製の袋入りの写真集など）の全盛期に入って、モデル嬢たちがドバッと股座《またぐら》を開帳し、陰毛を剃り、さらには小便、大便と、かまわずにキャメラの前にさらけ出すようになってしまう。それは従来の、モデルだからホンモノではない、という評価（見方）をかたわらに押しのけて、まさにミソもクソもいっしょくたにした、ビニール本の花盛りとなる。

一見してめちゃくちゃな縛りと、ケツの穴は前も後ろもまさかとおもわれる異物をくわえこみ、糞尿までさらけ出した美貌のモデル嬢たちが堂々と出現するに至っては、モデルだからニセモノ、モデルだから作りもののM女だ、とは、もはや見すごせない皮肉な現象となる。繰り返しになるが、モデルだからホンモノではない、という見方は、たとえば縛り写真について言えば、作られた表情、作られた演技的なポーズということである。自然な、演技的ではないM女としての被縛美の風情がとぼしい、だからギャラ、モデル料（縛られ料）を条件に縛ったものはホンモノではない、という評価になる。

これに似た発想で、谷ナオミはニセモノだろう、ということを、いくどとなく耳にしたことがある。つまり谷ナオミは芝居（演技）でマゾ風な女をやっているのだろう、という推測である。もちろんそのとおりである。谷ナオミはマゾ女性ではなく女優であった。裸を売り物とする女優がレパートリーのひとつとしてマゾ風な女性を演じていたのである。その演技がスクリーンを通して観客を満足させるものだった。だから彼女のファンがいたのである。

劇映画は、もともとウソをホンモノらしく見せる、そういう映像づくりによって成り立っている。ウソをホンモノらしく見せようとするところにドラマがあって、お芝居が成立すると言っても過言ではない。記録映画とかドキュメントものとの根本的なちがいは、このウソ（作りごと）に劇映画がもとづいていることである。

「谷ナオミはニセモノだろう」という評価の裏には、彼女は市井のM女性ではなくて女優であり、芝居や演技でそれを演じているということを承知の上で、ということがあるのだろう。そこでウソごとではだめだ、ホンモノでなくてはつまらない、そういう期待を劇映画にかけようとすれば、それは見当はずれになる。

独断と偏見をもって一例を挙げよう。それは一九八八年（昭和六十三）末、広島県みろくの里でロケーション中の『座頭市』（監督・勝新太郎）で、殺陣師死亡事故があった。

銀紙を貼った竹光《たけみつ》やジュラルミンの擬刀ではだめだ、おもしろくない、という思いがスタッフにあったか役者にあったかであろう。そこでやはりチャンバラはホンモノ（本身・真剣）でなくちゃあ、ということだったろうか、報道によると、そのホンモノを大勢のなかでワーワー振り回しているうちに不幸にも殺傷事故がおきた。殺陣師兼出演者の首に突き刺さったというのである。

ホンモノでホントに殺傷してしまえば、その時点で劇映画という虚構（ドラマ）は崩壊してしまう。つまりホンモノ（真剣）によるホントのこと（殺傷）が、いかに迫真の殺陣（その実録、記録）としてキャメラに収録されていようとも、その映像（フィルム）は完成作品からカットされてしまい、映画館のスクリーンで観客の眼に公開されることは、今の日本の状況では絶対にありえない。

なぜなら、モデル嬢の股座を一杯に開股して陰毛を剃りおとしたそこを、一本のロープでなぞった股間縛りフォトよりも、ホンモノによる殺傷事故のほうが、たとえ過失だったとはいえ、はるかに背徳的だからである。

ひっきょう映画（劇映画）とは、ウソをホンモノらしく観客の眼にスクリーンで見せるか、観客の胸に感動的に訴えるか、ということにつきるのである。

ある時期から日活ロマンポルノ、とりわけＳＭものが急速に下降線をたどり始めたというか、観客の眼や胸に訴えかける力、リキを失った要因のようなもの、それはつくる側（企画者、プロデューサー、シナリオライター、そして監督はじめスタッフたち）が、よりホンモノを、より究極的に眼をひくものを――という架空のホンモノ志向のようなものにとりつかれてしまい、世の性表現がエスカレートするなかで、実際には不可能なことでありながら、竹光やジュラルミンの擬刀ではなく本身（真剣）をふりかざすような幻想を求めて血眼になり、映画本来のもっているウソをいかにホンモノらしく見せるか、というドラマの原点、初心のようなものを忘れてしまったところに、客ばなれを招くひとつの要因があったとおもう。

そしてSMものといえどもエロスでありお色気である。これらに必要不可欠なものはホンモノだ、ニセモノだ、ということではなくあそび、つまりこころのあそびであり、わらいである。この「あそび」や「わらい」は血眼になって本身を振り回すことではなく、ものごとに距離を置くことだ。たとえばガキのころのチャンバラごっこのように童心にかえるところから派生するものではないか。

十六　バナナのウンコが刺激的！

映画『生贄夫人』における東てる美の浣腸シーンでは、排泄物を放出するカットは省略されていた。もともと小沼監督はそこまで画面に入れることは考えず、屈辱的な浣腸と排泄を強いられる女優のリアクションにポイントを置いていたのである。

ところが、この映画でなぜかヒロインを演じる谷ナオミが山中の廃屋に幽閉されているときに排泄するシーンがあり、わずか二、三秒だが画面に入る。もちろんもろに股間からの排泄シーンは映倫（当時は映倫管理委員会）の審査でOKが出るわけはないから、臀部から落下する——その空間にウンコがキャメラに入る——そういう仕掛けだった。

前述のようにこのドラマの主たる舞台は、蒸発していた夫に拉致され、深山の廃屋に幽閉されている設定である。実景は東京都下、秋川渓谷の山の中腹に点在する、旧家をおもわせる手のこんだ造りの家屋を借りて数日にわたるロケーションがおこなわれた。

そこで生花の師匠という設定のヒロインが、母屋と軒つづきの厠《かわや》とは別の、庭先の畑に面した一画に設けられた、肥溜め（糞つぼ）を兼用したような厠にゆく。屋根つきだが、四面は高さ一メートルぐらいのわら囲いをしたもので、しゃがむと頭が囲いにかくれてしまう。わら囲いの一面を開くと半畳ほどの面積で、踏み板の下に肥溜めがある。その二枚の踏み板をまたぎ、和服の裾をめくりあげ、臀部を入口に向け、キャメラに尻を向けて脱糞するという画コンテだった。

このときキャメラのレンズはやや俯瞰気味である。もろに股間からヌーと糞が出るところを撮るのでは前貼りや股座の仕掛けがばれてしまうので――形容詞を用いて言えば――谷ナオミの白桃のようなヒップ（尻のくぼみ）から、ビービーの下痢状のものではなく、程良いやわらかさのウンコがヌーとすがたを見せて、踏み板の間から下の溜め桶に落下する、というものだった。

この排泄のシーンは夫の手に後ろ手に縛られた縄尻をとられて厠に入るものだったか、それとも廃屋に幽閉されているうちに自然な生理現象として仕様なく、夫の許しを得て肥溜めのような厠へ駈け込む、という設定だったか、谷ナオミの白い臀部、汚れた白足袋、そして白無垢のような上等な和服、その着崩れた姿で片隅のわら囲いの厠に駈け込む――そのイメージだけが印象深く焼きついている。

四囲がわら囲いの肥溜めのような厠に駈け込み、踏み板をまたぎ、上等の和服の裾を露出気味にまくりあげて、白桃のような艶やかな尻のくぼみから程良いやわらかさのウンコがヌーとのびる、

『生贄夫人』より厠のシーン　谷ナオミ

そのカットがわずか二、三秒だったというのは、つぎのわけがある。

ロケーションでの実際の撮影は二、三秒どころか、踏み板をまたぎ、裾をまくって、尻を露わにして息む——臀部のアップから最初のヌーと出てくるウンコ、つぎにやや短く二つ三つと溜め桶に落ちるまでを入れると、十五秒や二十秒ぐらいの尺度（撮影の尺数）だったとおもう。ところが、その撮影部分が、幸か不幸か仕掛けの出来がよく、リアリティがありすぎて、映倫の審査員から、

「あれは刺激的すぎるよ。カットしなさい」

とクレームがついた。

日活ロマンポルノの場合、末期のビデオ撮りは別にして、撮影はシンクロ（同時録音）ではなく、アフレコ（撮影終了後にセリフや効果音などを入れる）である。

クランクアップ（撮了）したフィルムにセリフだけを入れて会社の上映規定に近い尺度（普通は

七十分前後）に編集したものを幹部や主だったスタッフが総見する。それをオールラッシュというのだが、そのオールラッシュのさい撮影所の試写室で映倫の審査員（ふつう二名）を招いて、ご意見拝聴ということになる。

映倫にはクランクイン前に準備稿の台本を提出する。刺激的なセックスシーン、あるいはそのセリフ、また過剰な暴力的シーンとか、社会の良俗に反するくだりがあれば、台本でも映倫のチェックがあり改稿しなければならない。

映画『生贄夫人』については、ヒロイン（谷ナオミ）の脱糞のカットがあまりにも刺激的すぎると、オールラッシュ後に映倫側からのクレームがつき、その部分のカットを求められた。

この試写後の審査会議は製作者側から監督やプロデューサー、担当重役などごく限られた人たちと映倫側の審査員が撮影所内の別室でおこなわれる。

そこで小沼監督は持ち前の情熱でもって、脱糞の全面カットは困る、ドラマの構成上不可欠なシーンである。人間はセックスは我慢できても、生理現象としての排泄は我慢できない——と言ったかどうか、これは推論にすぎぬが、とにかく監督らのねばり強い説明、説得が審査員に通じたらしく、わずか二、三秒の尺度ではあるが、スクリーンに「ロマンポルノ映画」史上、いや日本映画史上初めて、脱糞、ウンコが投影されることになった。

これは今日のようにアダルトビデオやエスカレートした派手なSM誌のグラビア、口絵ページの写真集など店頭には出ていない（もしそれを店頭に並べれば即座にお上から摘発される一九七〇年代に）、そういう社会状況下において我田引水で言えば、画期的な排泄シーンであり、先駆けとなる一ページだったともいえる。

それにしても残念ながら二、三秒という上映尺数では、まばたきする間である。ストップモーションにでもしないかぎり、見すごしてしまう短いカットである。

谷ナオミ主演『生贄夫人』における排泄シーンとウンコのくだりはこうである。

まず皮をむいたバナナを何本も擂り鉢で根気よく練り合わせ、仕掛けの用途に応じた固さ、やわらかさを調合しながら、それらしく着色などして程良いウンコをつくる。そしてホンモノらしく股間から排泄させるための仕掛けに取りかかる。

木綿《もめん》の手ぬぐい、あるいはガーゼ地の布にバナナでつくったウンコをつつみ、その布に適度な孔を開けておき、絞ると孔から、にゅうっとバナナがウンコのように絞り出される。それをタイミングなど念頭におき、ホンモノのようにキャメラに写す工夫をこらす。

この場合、ホンモノらしく見せるには絞り出す布地の孔の開け方（その大小）であり、絞り方のタイミングであり、はたまたバナナの練り具合等々が、すべてうまく作動することである。そのために担当スタッフたちの創意工夫がウソごとをホンモノらしく見せる仕掛けのカギとなる。

『生贄夫人』の脱糞シーンが映倫審査員たちの眼に刺激的すぎると映ったのは、その前後のドラマ、監督の演出もさることながら、仕掛け担当スタッフたちの仕掛けのうまさが、そのリアリティを生み出したのだということになる。

屈みこんでいる谷ナオミの局部は白い前貼りを貼っている。そこがキャメラのレンズに入らぬような角度、しかも色白の桃のような臀部を背後からフォーカスしての、非常にめんどうな限定された場での撮影を考えると、映倫の審査員たちの眼に、カットせよ、と言わせるリアリティが映像化されていたのは、まさしく仕掛けの見事さである。

映画『生贄夫人』のビデオ版はかつて二本出ていた。先の一本はダイジェスト版で、後の発売は映画本編すべてを収録した完全版である。前者は当局に気を遣って遠慮したのであろう。

十七　巡礼哀話・鈴の音

日活撮影所で、小沼監督との最初の映画『花と蛇』の撮影現場において、監督からの要請にもかかわらず、イメージがちがう、縛るロープが気にいらぬ、と傲慢な振舞いを見せてトラブルをおこしたのは、一体なぜなんだ、ということを、そこに至るまでの、縛り・緊縛との出会いやかかわりを記してみたい。

月刊誌『裏窓』の編集者として一年近くすぎた一九六二年に編集長が美濃村晃から藤見郁（濡木痴夢男）にバトンタッチされた。この間にベテラン女性編集者・滝元喜美の指導で月刊誌の月々の仕事は、ほぼマスターしていた。新編集長を迎えても支障を来すことはなかった。

藤見郁は多才な常連の寄稿家だった。彼は、ここ（会社）は給料がよそに比べて安いのだから、原稿を書け、社内原稿は本来は問題もあるだろうが、そこはうまくやればよい、とすすめた。

一九六〇年代の初めごろ、世間の風俗雑誌の原稿料が最低でも一字一円、四百字詰めで一枚が四百円というとき、『裏窓』の原稿料はその半分、一字五十銭、つまり四百字詰め一枚が二百円という、世間の相場に比べても安い稿料だった。だから社員の給料も世間より安かった。しかし、たとえ一枚二百円でも、一編が二十枚ないし三十枚のSM風な原稿を書けば四千円から六千円が入ってくる。これは大変に助かる。

原稿の採否、その支払いについては編集長の判断で経理の担当者に提出、毎月の支払日に小切手で渡される。挿絵などの画料も同じ扱いである。大体発行日から二カ月ぐらい後の支払いだったとおもう。

給料が安いとはいっても編集部の社員は出社時刻が昼食時の十二時前後で、退社は午後五時、その前に外出する場合もある。昼食前に出社して近くのそば屋から店屋《てんや》ものを取りよせて昼めしを食う。その昼食代は一カ月分まとめて月末の給料日に、そば屋が集金にくる。だから金がなくても昼めしだけは休日以外なら食べられる。

もちろん午前九時という始業時刻前に出社する社員もいる。その人たちには編集部もふくめて、九時前に出勤カード（タイムカード）をガチャンと押せば、早出手当てという名目でわずかだが給料に加算される。それともうひとつあった。

それは「月半《つきなか》」という、前月末の給料の二割が毎月十五日に支給されることだった。このように小刻みにして社員への報酬を払うのは、元は資金繰りによるものだ。月々の売上げから事業を維持してゆくのは、いつの時代でも経済の好不況の波のなかにあって、零細企業としては大変だ。そのやりくりから身につけた貴重な経営の知恵だったのであろう。月半はやがて廃止された。
　考えてみれば世間の相場に比べて安い給料であっても、それなりに仕事をさせる、よくできた会社、社員十数人の出版社である。

　この出版社がどうして設立されたかというエピソードがある。オーナーは大東亜戦争中に軍部の印刷関係の仕事、その下請けをしていて敗戦になった。そのとき、貴重な洋紙をかなりな量で保管していたという。敗戦は日本の軍国主義体制を崩壊させた。紙どころの騒ぎではなかった。紙はそのままオーナーの倉庫に置き忘れられていた。紙の所有者がだれであるかなど、問題にはならない世の中の状況である。

『裏窓』1962年1月号　表紙・美濃村晃

　敗北した日本、その社会で食うことに皆、必死だったところから、やがて少し落ちつきを取りもどしたとき、食の飢えから、活字を読む、本や雑誌を読むことの飢え、のどの渇きのようなものを敗戦後の日本人が感じ始める。それは日本を実質的に支配下においていたＧＨＱ（連合国総司令部）の下で言論の自由、表現の自由を保障する新憲法の公布（一九四六年、翌四七年施行）にともない、急速にひろがった。

通俗読物、通俗雑誌の類で言えば、いわゆる「カストリ雑誌」と呼ばれるものが、そのひとつである。戦時中に軍部の印刷関連の下請けをしていたが、出版関係にはまったく無縁の人間だったオーナーは、倉庫に置き忘れたままになっている多量の紙に眼が向いた。いまや持ち主、引き取り手のいなくなったも同じ紙である。

じゃ、この紙で本でもつくるか——というのが出版業の思いつきだったという。では、何を手始めに、ということになると、皆目見当がつかない。そこへすすめる人がいて、高橋鐵（一九〇七—七一）という人物を紹介された。

高橋鐵なる人物は、大東亜戦争中にはお上からにらまれることもあった性研究、性の心理学的分析を、敗戦後に恍惚の心理を説くとともに日本のフロイトと称して『あるす・あまとりあ』の著作三部作を著すなどのほか、性風俗のコレクターとしてもファンを集めた人物のようである。この敗戦後の日本で性研究への第一歩をひらいた、知る人ぞ知る人物との出会いは、倉庫に多量の紙をかかえて、本でもつくろうかと考え始めていたオーナーにはラッキーだった。

さっそく高橋鐵なる人物を編集顧問に迎えて、カストリ雑誌と呼ばれるものの氾濫するなかで少々その格のちがいを示すかのように創刊したのが『あまとりあ』という雑誌だった。そして社名も「あまとりあ社」と掲げた。

このエピソードは美濃村晃よりも古くからいる『マンハント』の編集長で神戸出身、外語大出で古今東西の文献などに博識の中田雅久から聞いた話である。

給料は安いけれども働きやすい、『あまとりあ』に始まる久保書店で、ひとつの転機がおとずれていた。

美濃村晃はベテランの女性編集者・滝元喜美と一九六二年（昭和三十七）から半年ほど企画をねり、『抒情文芸』という若者向けの投稿誌を月刊として創刊した。これは彼の長年の思い入れによる企画でもあった。

『裏窓』にしろ『抒情文芸』にしろ、エロチシズムか、リリシズムか、という表向きのニュアンスはあるけれど、それぞれイマジネーションをひろげ、はばたく——という点では共通性があるのではないか。


そのころ、新編集長・藤見郁のすすめで執筆し、『裏窓』に初めて投稿、というか、〝浦戸宏〟の原稿が掲載されることになった。

タイトルは「巡礼哀話　鈴の泣き声」、一九六二年（昭和三十七）九月号の掲載である。巡礼哀話とは、四国遍路、お遍路さんについての思い出からの発想によるもので、ヒロインの巡礼娘を鈴と名付けた。

お遍路さんは菅笠《すげがさ》に白装束、白い脚絆《きやはん》に草鞋《わらじ》、金剛杖《こんごうづえ》に数珠《じゆず》や鈴をたずさえている。その鈴が足のはこびでチリン、チリンと鳴る。〝南無大師遍照金剛《なむだいしへんじようこんごう》〟を唱えながら歩く——そんなイメージを思い描いていた。

なぜ「巡礼哀話」だったかと言えば、わが古里、土佐にちなんでのことである。お四国さんとも呼ばれ、四国八十八カ所の霊場を巡るお遍路さんが、子どものころの思い出、イメージのなかにたくさんある。それは夫婦連れもあれば親子、同じ年ごろの子ども連れも見かけている。とりわけ桜が咲くころに白装束のお遍路さんが多く、歩いてくる村の一本道、その里の風景が、一幅の画、として記憶に残っている。

お遍路さんには、いろいろと事情がおありだよ——と祖母から聞かされていた。今日の四国八十八カ所巡りの観光ムードと、子どものころ見かけたお遍路さんのイメージとはちがう。

足摺岬の金剛福寺の三十八番霊場と宿毛《すくも》市の延光寺三十九番札所を結ぶ道がイメージに残る遍路道である。旧暦三月三日の桃の節句に祖母たちはお接待《せったい》と称して峠の茶店で菱形に切った三色の餅(赤、白、緑のよもぎ餅)をお遍路さんに差し出し、そのお返しにお大師さまのお札をもらう。それを家の柱に貼りつけ、家内安全のお守りとする。そのならわしが古くから集落にあった。

集落で年中水が涸れることのない谷川のほとりに、ひとつだけの旅館、一本道を歩いていて、それとわかる白壁の宿があった。それがお遍路さんのお宿である。その遍路宿をドラマのイメージ設定にして、「鈴の泣き声」を創作した。

親と娘にしては年の差がある。孫娘と祖父にしては様子がおかしい。そんなふたり連れが宿屋の離れを希望して草鞋を脱いだ。どうも様子がおかしいぞ——と、長年宿屋で接客している祖父は気になった。その夜、そっと障子の外から様子をうかがっていると、娘が声を押し殺して啜り泣くのを耳にする。さらに様子をうかがっていると——妖しげで只事ではない気配である。

娘は宿の布団の上で後ろ手に縛られ、身体を弄ばれている。かすかな隙間から部屋のなかの様子を眼にした祖父は、娘の身を案じ、咄嗟の判断で飛び込んだ。それがあまりにも不意だったので、老齢の遍路は腰をぬかし、心臓発作を起こしてあっけなく死ぬ。村の駐在所から自転車で、サーベルを腰に吊った馴染みの巡査がやってきて事情を聞き、一件落着。

翌日、村の一本道を巡礼娘はひとり旅立つ。白装束の菅笠に金剛杖、数珠に鈴。そのチリン、チリンと消えてゆく鈴の音、娘の後ろ姿をいつまでも見つめている祖父の複雑な胸のうち——で結末である。

この初めてのSMものらしき原稿が掲載された一九六二年の『裏窓』九月号には、団鬼六（当時は花巻京太郎）の時代小説「お浜の受難」が掲載されている。

十八　一九六四年・東京オリンピック・悪書追放

一九六四年（昭和三十九）十月十日の秋晴れの午後、東京オリンピックの開会式が国立代々木競技場でおこなわれた。その日、東京新宿区榎町の大日本印刷榎町工場の近くにある向上印刷という社員（職人）十数人、組版が専門の印刷所に出張校正に出かけていた。工場の一画に板の間の校正室があり、そこに新品のカラーテレビが置かれていた。世紀の東京オリンピックを控えて印刷屋の社長が画面の大きいカラーテレビを従業員のために購入していたものだ。

入場行進につづいて航空自衛隊の戦闘機が上空高く五色の輪を描くのを、出張校正に出向いていた編集長の藤見郁とテレビの画面で眺めていた。ちなみに出張校正とは、原稿を活字に組み、そのミスがないかを最終的にチェックする（校正する）編集の仕上げである。文字（活字）のミスはなし、校了――これで印刷しても可、という最終の確認作業である。

実は東京オリンピックの開会を迎える数年前から、お色気ものの雑誌や図書、とりわけヌード（当時は完全なヌードは少なく、セミヌードである）写真には、きびしい監視の眼が向けられた。悪書追放という名の下に、である。なぜか。それは東京オリンピックを控えて外国のお客さまに見苦しいエログロ写真、その種の出版物を見せては日本の恥である――という風潮が作意的にかもしだされていたからである。

その典型的なものが悪書追放を目的とする東京都の条例である。これは当時の東都政《あずま》（東龍太郎都知事）の下で発令された〝悪書取締り条例〟である。久保書店もその都条例の悪書追放の一社に指定された。『裏窓』誌がその対象である。

この悪書追放運動に出版社側も――皆、零細小出版社であるが――横の連携をとり、弱小ながらも対策をこころみた。ふだんは編集長がその会合に出ていたが、写真の撮影のため出席できないとき、一度だけ、その代理として出席したことがある。

写真や記事、誌面の原稿にかかわることの情報交換の会合だから営業担当者もいたが、主に編集者、それにたずさわる人たちの集まりだった。

「悪書追放、こんな都条例は時代の流れに反する悪法だ――」と皆が心のなかではおもっていても、それを強調するスローガンを唱えるだけではなんの役にも立たない。弱小出版社だからこそそれぞれが生きてゆくむつかしさ、経営上の困難を心得ている人たちの集まりである。各自が重く受け止めているのがわかる。

この東都政による悪書追放運動が一時的に出版や表現の自由という時計の針を逆回転の方向に向けたことはたしかである。

それはつぎのことでもわかる。

一九六二年（昭和三十七）の『裏窓』八月号が当局によって摘発された。このときの事情については、当時編集長だった藤見郁（濡木痴夢男）著の『「奇譚クラブ」とその周辺』（河出・i文庫）にも記されているが、ここで少し記憶を辿ってみる。

当局の係官が哲学堂公園を見下ろす丘の上の久保書店にやってきた。原稿や紙型（印刷の原版をつくる型）その他の資料の押収のためだった。その著作者、撮影者ほか、印刷屋、製本屋など『裏窓』の発行・発売に至るまでの業者にも手が回る。

摘発された写真ページは、編集長がモデルやキャメラマンらと、奥日光だったか山の中へ車で出かけ、切り出した木材置き場、その木材の上に白のスリップ（シミーズ）姿で後ろ手に縛って上向けに寝ている、その白のスリップから少しばかり――実は少しばかりだから余計にイマジネーションをそそるのだろう、そこに編集長のさりげない演出があったのでは――内股が覗いている、これがわいせつだ、と指摘され御用となった。もっともその摘発を受けたときには、つぎの九月号が発売間近であり、売り上げに大きくダメージを与えることはなかったが、面倒なことだった。

この写真ページのわいせつはまだわかるとして、本文中にある市井の寄稿家の原稿で「新免宮本武蔵」という時代小説があった。その一部分の表現、武蔵が女性を弄ぶというか、ごく控えめな描写だったが、それもわいせつだと指摘されていた。

今日、この指摘された写真、あるいは小説の描写を読んでも「なんで、これが！」というバカバカしいほどのものだが、東京オリンピックを控えて、東京都条例で弱小の出版社への取締りが強化された事実を実際に眼にした一例である。当然、編集長はその責任者として当局に呼び出しを受けている。

二〇二〇年に東京で再びオリンピックを、と言い出したのは都知事だった作家、石原慎太郎だが、彼のデビュー作『太陽の季節』は、ガールフレンドを自宅の和室に招き、独り居させておいて、障子の外から名を呼び勃起したペニスでその障子を突き破る、勇ましい文学作品である。そんな彼のデビューから〝太陽族〟と騒がれた時代、一九五〇年代後半は、その彼らにはおよばない青春を走った者にも、それなりに忘れられない社会現象であり、東都政の条例より、はるかに自由な時代であった。

しかし世の中には過激であればあるほど、時には手のひらをかえしたように反動化することがしばしばある。

「きクぜ！」とのキャッチフレーズで、女性の肉体を誇張したヌード写真を発表していた写真家が、この二十一世紀に入ったころ話題を振りまいていた。桜田門（当局）に挑戦状を――と威勢よく、裸体写真を並べていたけれど、摘発を受けて牢屋に入れられた。その間に版元（出版社）はもちろん印刷屋、製本屋も、捜索を受けたのを知ると、自分だけですむと考えていたのに関連業者にまで手が回るとは知らなんだ――と、世間知らずのお坊ちゃまみたいなことを吐いていた。一部には名を知られた写真家だが、その後「きクぜ！」は見かけない。

一九六〇年代の『裏窓』の縛り写真を今日の眼で見て、まず気がつくのはモデルが俗に餅肌といわれるような、きめこまかな、むちむちした、まろやかであたたかみをイメージさせることだ。彼女らは皆、白いパンティをはいている。それも今日のそれではない。股間を十分にかくしているけれどヒップから太股にかけて、そのふくよかさ、そして胸のふくらみ、すべてモノクロ写真であるけれど生々しいものが伝わってくる。キャメラマンや縛りもさることながら、これは被写体であるモデルのからだに女のゆたかさがあった――特にヒップから下半身に――ということにつきるのではないか。

今日のダイエットぶりに比べて特にそうおもう。下肢はずっと長くのびていても細すぎ、やせすぎて、眼をひかれることが少ない。超ミニのパンツやスカートからのぞく下肢に比べると、股間を白いパンティで十分にかくしていても、ウエストから臀部、そして太股にかけてのなめらかな曲線が、太股を固く閉じ合わせていればいるほど、そこから匂うようなエロスというか、俗に言うところの好き心をそそるものがある。これはイマジネーションに深くかかわってくることでもある。

十九　坂本龍馬から

一九六四年の東京オリンピックを控えて、弱小出版社の図書や雑誌に対する悪書追放の下に繰り広げられた排斥運動、その取締りのひとつとして挙げられた『裏窓』一九六二年八月号は、奇しくも浦戸宏の初めての原稿「巡礼哀話」が掲載された九月号の発行直前だった。それから五十年近くも歳月が流れている。

学生時代の友人のかわりに面接に出かけ、美濃村晃、藤見郁の両編集長の下で四年ほど『裏窓』誌の編集にたずさわった。この間に同誌の寄稿家、その挿絵画家など市井では滅多にお眼にかかれない人物たちとも面識を得た。SとかMとか、さらにF（フェチシズム）など、人間のさまざまな性的嗜好があることも知識として得ている。

〝浦戸宏〟を自己分析すれば、自身がその世界のマニアである、という認識はない。マニアではないけれど、そういう人たちがいることを理解している。知的なイマジネーションにおいては会得できていると考えている。これが日活ロマンポルノ・SM映画の企画や撮影現場で役に立ち、重宝がられた点でもある。

『裏窓』の編集部に新しく男性（椋陽児）と、少しおくれて女性の編集者が入社したのを機に、書籍の編集部へ机を移動した。この前後に『裏窓』は当局からうるさく眼をつけられ、一九六五年には『サスペンス・マガジン』と誌名を変えざるを得なくなる。そういう時代だった。その誌名にはS（サスペンス）とM（マガジン）でSMという意味あいも込めていた。

そのころ、時代は明治百年——という機をむかえて出版物もその明治もの、明治維新ものがブームのきざしを見せていた。土佐を古里にもつ同郷の歴史家に（郷土史家とも呼ばれていた）平尾道雄がいた。

『坂本龍馬・海援隊始末記』の著作が彼の代名詞でもあるごとく、坂本龍馬の史実にもとづく研究は後学の範である。小説家・司馬遼太郎も産經新聞に「竜馬がゆく」を連載するにあたり、平尾道雄にも取材していたようだ。

平尾道雄が「龍馬のすべて」というタイトルで連載している高知新聞の切りぬきを、当時高知にいた沢辺絢が送ってきた。彼女は女子美術大学を出て、久保書店の『抒情文芸』の編集部に入って一年半ほど勤めてから高知へ帰ったのだった。もともと龍馬について関心を持っていたのだが、それを沢辺が記憶にとどめていたのだ。これを書籍にと考えた。

「龍馬のすべて」の切りぬきを書籍の編集長・中田雅久に見せると、著者に当たってみれば、と言った。

懇切丁寧にお世辞ぬきで、先生の吉川弘文館から出版の『土佐藩』『山内容堂』『吉田東洋』などは手にしているけれど、すでに古書となっている著作は入手不可能なこと、「龍馬のすべて」を、もし出版させていただければ——と恐る恐るの打診だった。もちろん古里は土佐であると記した。「一度、お眼にかかれば——」との返信がきた。ひそかに自信みたいなものはあったけれど、久保書店の出版物として『裏窓』を持参するわけにはいかない。ならば『抒情文芸』か休刊中の『マンハント』か、あるいは新書判の翻訳ものしかない。

ままよ、当たって砕けろ！　ダメでもともと、そんな気持ちと、あこがれの著者に会える、それだけで十分ではないか、と考えた。

高知へ著者との交渉に行くのだが、会社からは往復の旅費のみであった。宿泊費は知人（文学同人誌の仲間）もいるし、手土産は個人的なもの、自分のポケットマネーでと決めていた。とにかく中田雅久以外に平尾道雄がどういう人物か、オーナーはじめ知っているものがいない。そこで社長には、前述の吉川弘文館の、手持ちの著作三冊を参考までに見せていた。

ベレー帽をかむり、おだやかで品のある好々爺というのが平尾道雄の第一印象であった。酒はたしなまずコーヒーが好きだった。

高知新聞に連載中だから、出版契約は新聞社と久保書店とで、ということになった。松田文芸部長、小松編集局長、平尾道雄の三氏と新聞社の応接間で話し合った。ほぼ契約条項の話が決まったところで、持参の出版契約書に書き込み、それを確認の上で久保書店に持ちかえり、社の決定を得て、契約書二通を改めて送付する、ということになり、これで決まりだなとおもった。

平尾道雄「龍馬のすべて」には後に他社からの打診もあったようだが、一歩先だったこともラッキーだった。

高知新聞に連載していた平尾道雄著『龍馬のすべて』（久保書店発行、一九六六年）は、発売後一カ月ぐらいで初版二刷り発行と好調なすべり出しで、その後も増刷を重ねた。

久しぶりに沢辺絢に会った。

高知市街が一望できる市の中心に位置する高知城の天守閣に登った。そこに登るのは、高知工業高校在学以来のことだった。その日、好天気だったが、南国土佐でもまだ寒さを感じる二月半ばだ。

「よかったね」

と彼女は言い、でも——と言葉をつなぐ。

「あなたのことを会社が認めてくれればいいけれどね」

「うん。きみに感謝しないとね」

それから市街に下りて喫茶店でコーヒーを飲み、さりげなく別れた。

その後、家族のすすめでエリートサラリーマンと見合い結婚したようだったが、それも一年ほどで離婚したという。

そしてしばらく後、電話一本、机ひとつで東京南池袋で出版業を店開きしているところへ姿を見せて、詩集を自費出版したい——と言った。詩集のタイトルは『路上の午後』だった。

二十　白竜社立ち上げ

『龍馬のすべて』が一九六六年（昭和四十一）四月に発売になり、その年の十一月に久保書店を退社した。中田雅久のやめたあとをついだ編集長は、ボーナスをもらう十二月までいてはどうか、と言った。それも考えた。ボーナスをもらい年を越して一月に退社するということ。しかし、所詮この会社ではボーナスそして退職金とその金額に多くは期待が持てない。実際、手にした退職金は予想以下のものだった。『龍馬のすべて』が社の売上げにもたらしたもの、その評価はなかった。

退社を機に、東京練馬区江古田の三畳一間に電話を入れて、出版社「白竜社」をスタートさせた。なぜ白竜社だったかと言えば、竜というイメージ、現実に生きていた動物だか想像上の怪獣だかわからぬ、幻の絵画的なイメージにひかれていた。白い竜が、いっそう幻想的で魅力的に見えたからだった。

出版業という仕事、その経営というものはむつかしい。本をつくる直接経費（仕入れ）は一度に生じる。売上げは、ぽつぽつである。取次店の支払いも注文は月末締めで翌月末に支払われるが、委託（新刊で出した本）は六カ月後に返品されたものを差し引いての支払いである。しかも月々、出版をつづけて取次店に納入しないかぎり、資金の回転はできない。そのためには商品を管理する倉庫と金がいる。

そして、つくることもさることながら、食うために、事務所を維持するために金がいる。そこで元手なしで金になるフリーの編集者としてアタックすることをおもいついた。池袋の事務所を企画や編集の仕事場にして、当座は在庫の注文があれば、それもついでに取次店に届けることにした。

フリーの編集者として、その第一歩が、神田神保町の芳賀書店であった。人づてに企画を求めているとの話を耳にしていた。芳賀書店で眼についたのが、田中英光(一九一三―四九)と原民喜(一九〇五―五一)の全集・作品集を出版していたことだ。そういう作家・作品を出している出版社の社長の話を聞いてみたい、とおもった。

ちなみに田中英光は太宰治に深く傾倒していて、その墓前で薬を飲み自殺した作家で、早稲田大学在学中に一九三二年(昭和七)のロサンゼルスオリンピックに出場したボートの選手でもある。

原民喜も元娼婦に裏切られて自殺をこころみたことがあるが、抒情的な詩、短編の名手と評価されていた。敗戦の年の八月、疎開先の広島で米軍の原爆投下で被爆、一九五一年(昭和二十六)に鉄道自殺している。『夏の花』という短編集や詩集『魔のひととき』『原爆小景』などがある。このふたりは、いずれも大東亜戦争中からその敗北後において希有な生き方をした作家である。

一九六七、六八年(昭和四十二、四十三)当時の芳賀書店は神保町交差点から九段下寄りの表通りにある古風な木造二階家で、中国の古書専門店と軒を並べていた。一階が特価本をふくむ古本の店舗で裏に面した部分が住居になっていた。二階は社員のいる事務所とやはり裏側が住居だった。

店の一画で店番としてすわっている、和服に身づくろいをただした老齢の女性がいた。この女性こそ、会津藩士の血を引く女性――芳賀章の母である。戊辰戦争で官軍という名の薩摩、長州藩と強固に戦いつづけた白虎隊の歴史もある、会津藩士の末裔のひとりが芳賀書店の社長・芳賀章である。彼は大東亜戦争にかりだされ、敗北後はシベリアの厳冬のなかでの二年間に及ぶ抑留（捕虜）体験の持ち主だった。

なお、田中英光、原民喜の全集や作品集は、矢牧一宏によるものだと後に聞いた。この人は一九七〇年代に三島由紀夫のヌード写真などで話題を呼んだ雑誌『血と薔薇』の出版にかかわり、他にも七曜社や出帆社のほか、特筆すべきは都市出版社で沼正三の『家畜人ヤプー』を最初に書籍として出版し、右派とトラブルが生じるなど出版活動では話題の人であった。芳賀書店で一度だけ顔を合わせたことがあるが、この人が噂の矢牧一宏か、と、印象に残る人物だった。

二十一　手形が落ちない

芳賀章は企画書に眼をとおすと、社のすぐ隣の喫茶店でコーヒーを前にして、こう言った。

「田中英光、原民喜の全集を出したことで、世間の、業界の評価は受けた。それはそれでいいのだが、手形が落ちないんだよ」

手形とは約束手形のことだ。今、手もとに現金はなくても、二、三カ月、あるいは長いもので六カ月後に銀行取引口座で、それを現金化するという約束のもとに支払い（商取引）する証文のようなもので、約束の期日に振り出した手形の現金がともなわなければ、不渡り手形となるわけで会社は倒産する。

　手形が落ちないんだよ――とは、立派な本ではあるけれど金にならない（売れない）、だから振り出した手形を落とすことに苦労をしている、と芳賀章は言っているのだ。

　そこで手形が落ちる、手形を落とす企画として何があるか、要するに売れることが第一の目的になる。文学とか詩とか芸術とかは関係ない。売れるもの、銭《ぜに》になることが第一である。それが手形が落ちる企画である。

「久保さんとこ、あまとりあにいたんだったら、そのほうの企画はないかな」

　芳賀章が言った。そのほうの企画、とは、色っぽい企画のことをさしていて、そういうものはないかと問うているのだ。

「考えてみましょう」

「頼むよ。おたがいにかねになる仕事をしようではないか」

　その後、一案をまとめては芳賀章と何度か、彼が社の業務を終える夕方ころから、神保町の裏通りの酒場のカウンターで話をつめた。その裏通りの酒場で芳賀章が時折り、すれちがいにちょこんと頭を下げて挨拶をかわす人物がいた。ぴしっとスーツで身だしなみを決めている。

「あれ、小学館の重役だよ」と耳もとでささやいた。近くにある小学館やその姉妹会社である集英社の大手出版社の重役が、裏通りの酒場でひとり気楽に飲んでいる、その気持ちもよくわかる。

芳賀章は飲むと多弁になる。そしてシベリアでの捕虜生活のきびしさが口をついて出てくる。そのさいロスケという言葉が出てきた。当時はもちろん社会主義国家ソビエトであるが、ロスケにも助平はいるんだよ、そして片手をまるめて輪をつくり、その輪をもう片方の手のひらでポンポンと叩く。

「これが男と女の――あれをさすんだ」

と解説する。そしてこうも言った。

「ロスケのなかに女の兵士がいる。手を出してみたくなるケツの振り方をするのがいたけれどな、うっかり手を出してみろ、それで一生シベリアの氷のなかに閉じこめられちゃあかなわないもんな。ロスケの女兵士のでかいケツをおもい浮かべて、コクしかねえやな――」

カウンターに並んで腰かけている芳賀章は、シベリアの抑留生活、厳冬のなかでの労働のきびしさを語りながら、あの寒さをおもえばなんでも辛抱できる。しかし――と息を入れて言った。

「十人たらずのわが社の社員だけれど、彼らの生活、その家族のことをおもえば、出版の哲学とか理念ではない、手形を毎月、毎月、きちんと落とすことなんだ、それにつきるよ。それが今のおれにはシベリアでの捕虜生活以上にきびしい。頼むよ、いいか頼んだぜ」

と芳賀章は肩を強く叩いた。

二十二　耽美文学シリーズ

こうして話を重ねているうち、「耽美文学全集」というシリーズタイトルでSM小説二十巻を第一期の企画として出版する案を芳賀章にしめした。「よし！　それでいこう！」と賛同し「耽美文学シリーズ、いい名称じゃないか」と上機嫌だった。そして発売は帖合《ちょうあい》（取次店）の関係で芳賀書店とし、発行「耽美館」ではどうですか、と、近くに小学館という「館」の字がつく大手出版社もあることから提案してみると、「それがいい、発行耽美館・発売芳賀書店でいこう」と決まった。

まず耽美文学シリーズ、そのイメージをかたちにするため外函（ケース）から考えた。『裏窓』時代からずっとつきあいがつづいているデザイナーで書き文字（レタリング）もでき、イラストや図案、それに油絵も描いている江渕晃夫がいた。彼は東京吉祥寺に親の代からだという広くて古風な住居、もちろん庭苑付きに住んでいた。

デザインについての希望は、耽美というイメージを、黒を基調に赤をポイントとして入れる。スミ版とアカ版の二色を活かした外函を江渕晃夫に依頼した。外側のかたちから耽美文学シリーズのイメージをかためたかった。

本文原稿は美濃村晃に『裏窓』時代の雑誌に発表済みの原稿でいいからと持ちかけると、協力するよ、と即答を得た。ついで藤見郁からも協力が得られた。ふたりともいくつかの筆名で作品を書いていた。雑誌に発表したのを書籍として出版すれば印税として収入になる。ふたりからそれぞれ二点ずつ、耽美文学シリーズ第一弾として四点・四冊を一ぺんに店頭に並べる。そういう積極策でこのシリーズを打ち出そうと考えた。

原稿依頼の上で問題がひとつある。印税方式で通常なら印税率を定価の十％であるところを八％に、その支払いは三カ月の手形決済にしてほしい。これは芳賀社長の意向をふまえての出版契約の条件である。手形は発行時に著者に渡す。それと発行部数をあきらかにするため、検印を貼付する。発行時に著者献本十部のほか、取次関係の見本やＰＲ用もふくめて、初版五千部、そのうち百部を印税計算の対象からはずす、したがって印税分は四千九百部にしてほしい。この諸条件を著者に了解してもらうことだった。

検印を貼付すれば発行部数が明確になる。それが著作者にも好感をもたせた。手形については、美濃村晃はかつてそれを受け取った経験があり、中小出版はどこも楽ではないから――と了解してくれた。藤見郁も美濃村晃に同意して了解を得た。

そのころ久保書店では、創立以来の異変が生じていた。新卒社員らが待遇改善を求めて労働組合を結成し、出版労組の支援によるストライキを始めたのである。美濃村晃、藤見郁のふたりはそれを機に退社した。そしてＳＭ誌の出版プロダクションを立ち上げ、一九七〇年代後半から八〇年代のＳＭ誌の隆盛に大きな役割を果たすことになる。

「耽美文学シリーズ」の第一弾、その四冊が限定された書店ではあったが店頭に出た。

「耽美館も小学館に、あやかりたいな」と芳賀章は、神保町裏通りの酒場で、まずは祝盃をあげた。この種の読み物、小説シリーズが他に出ておらず、しかも黒と赤のインパクトを活かした江渕晃夫のデザインが読者の眼をひいた。外函をソフトな少し厚手の白い用紙に印刷したのが洒落ていた。耽美文学としたのも、店頭で手にとりやすく、人目を気にする必要がないデザインだったのも功を奏した。

「手形が、落ちそうだぜ」

芳賀章の表情に笑みが見えてきた。

第一弾の四冊につづいて、やはり『裏窓』では「八巻令」とか「九十九十郎」のペンネームで寄稿していた千草忠夫の発表済みの原稿を、彼と親交のあった椋陽児のはからいで発行した。これも二点ほどまとめての出版である。

耽美文学シリーズ第1巻『女泣き土蔵』須賀敏著（耽美館、1969年1月刊）須賀敏は美濃村晃の筆名のひとつ

初期の第一期二十巻発行はひとつの目標ではあったが、甘くは考えられない。まず十点、十冊が目標であろうと考えた。なぜなら雑誌に一度発表した作品である。読者はそれを知ることになるだろう。そんなことを考えていたとき、芳賀章がこう言った。

「団鬼六——という書き手がいるらしいが、

知っているか」

例によって神保町裏の酒場であった。

「知っている。裏窓のころは花巻京太郎のペンネームで書いていた」

「彼の原稿が手に入らないか。実は取引業者の間で団鬼六というＳＭの書き手の人気が高い、と聞いた。なんとか彼の原稿が手に入るようにしてくれ」

二十三　団鬼六と再会

花巻京太郎（団鬼六）がなぜ『裏窓』への執筆をやめて大阪の『奇譚クラブ』に書くようになったのか——実情は想像するしかなかった。『裏窓』の編集部から離れてすでに五、六年すぎている。美濃村晃や藤見郁に問い合わせてもコンタクトがつくとは、なぜかおもわれない。花巻京太郎が東京都内にいるのかどうか、それすらもわからない。

そこで『裏窓』時代の寄稿家のひとりであった小田桐爽がいるのを思い出し、杉並区内の住所をメモしていたので手紙を出してみた。彼はＳＭ誌の執筆はやめてピンク映画——いわゆる濡れ場のシーンだけをカラーにしたパートカラー版の、小プロダクションが製作する作品——のシナリオを書いていると聞いていた。

小田桐爽から池袋の事務所へ電話がきた。

六本木に妹さんがいる、その妹さんのところが連絡場所になっている、と教えてくれた。これはラッキーだった。以前に美濃村晃から、京太郎さんには妹さんがいて、その妹さんが歌手としてジャズなど得意としている、と耳にしていた。そしてラジオで彼女の歌を聞いた記憶があるのを、小田桐爽からの電話で思い出した。

彼女が六本木で「ドン・ルーチョ」というスペイン風なクラブを経営しているころ二度ほどお目にかかったが、兄団鬼六が鼻筋の通った美青年だったのに劣らず、色白の面長、水商売が板についたような魅力にあふれ品のある女性・黒岩三代子である。ちなみに兄団鬼六も歌はイタリアのカンツォーネ（大衆歌曲）から追分節、さらに赤城の子守歌と、なかなかのレパートリーと声量の持ち主である。

耽美文学シリーズのいきさつについて記し、原稿がほしいと単刀直入に、見本の一冊を添えて六本木の連絡先に送った。一週間もたたないうちに池袋の事務所へ団本人から電話があった。

「おれが池袋へ行く」と。そして訪ねてきた。美濃村晃に連れられて初めて会ったとき、エロ雑誌の編集者をしていても、しゃあないやろ、と言われてから八年ぐらい経つ。

「掲載済みの原稿じゃだめだ、おれが一本書き下ろしをやる。何枚くらい書けばええのや」

そう言って二週間後に書き下ろし原稿二百五十枚ほどを池袋まで届けてくれた。

耽美文学シリーズ用に団鬼六が書き下ろした『やくざ天使』は、近代やくざの縄張り争いにからむもので、子分に敵対する相手方の娘を拉致させて、土蔵のなかで助平な親分がいやらしく弄《もてあそ》ぶ、というユーモアもある筋書きであった。

この『やくざ天使』は発売後に東映から任侠ものの企画として話もあったようだが、内容的に色事すぎると読みとられたのか、東映では実現しなかった。これにつづいて、さらに書き下ろしとなると、当然しんどい。そこで「花と蛇」を分割して出版しては、と勧めた。『奇譚クラブ』に連載した「花と蛇」は、厚さ三センチほどの、ぎっしりと三段組みの活字が詰まった黒表紙の別冊版として出ていた。これを分冊にとの提案に、最初は躊躇を見せた。

団鬼六としては雑誌に連載したものを『奇譚クラブ』の別冊として出版している、それをさらに耽美文学シリーズに加えることには気乗りがしなかったのであろう。銭稼ぎのために「花と蛇」をあちらにもこちらにも、と受けとられるのは心外だったのではないか——これは推測にすぎないが、最後には承諾した。

『花と蛇』を耽美文学シリーズとして分冊にして出版する上で、とくに気をつかったのは、当局からご用！　と摘発されることについてである。

前述の「一九六四年・東京オリンピック・悪書追放」でも述べたように、今日の感覚ではこれぐらいなことに、と軽く見られがちなことが、当時はそうではなかった。

『花と蛇』をじっくりと読めば、その行間から伝わるイマジネーションは大変にエロチックである。それは著者の筆力によるものだが、現に別冊版『花と蛇』のなかにも、×××にしたり——と線にして描写を省略している部分があった。長い伝統というか出版の歴史をもつ『奇譚クラブ』誌も、いくたびも当局から注意や捜索を受けているはずだった。

毎月の手形を落とすことに腐心している社長・芳賀章が当局から呼び出しを受けるようなことになっては、と気をつかった。編集責任者として浦戸宏が呼び出しを受けるのはひとつの体験だ、と空威張りもできる。しかし版元に捜査が入るような、そんなへまはしたくなかった。

そこで著者の団鬼六にも暗黙の了解を得ながら、別冊『花と蛇』を印刷屋に入稿する前に丹念に読み、×××になっている部分の前後をふくめて、色事の表現、その描写に気をつけた。

前述の映画『花と蛇』の台本を日活撮影所で受け取り、その感想について述べたとき、必要から『花と蛇』を二度読んだと書いたのは、耽美文学シリーズとして入稿するとき、その校正をするとき、この二度、眼をとおしたことをさしている。

こうして『花と蛇』の原作は、最初の雑誌『奇譚クラブ』の連載、ついで別冊としての発売、さらに耽美文学シリーズとして三度の発売である。全九冊ほどの分冊で発売したのだが、売れゆきもわるくなかった。新しい読者の眼にとまったのであろう。

前後するけれど、団鬼六と芳賀章とを引き合わせたのはやはり池袋であった。駅ビルの東口にあった丸物というデパートが経営不振でパルコに身売りしてから、その五階の食堂街のすき焼き亭においてであった。

二十四　縛りの写真集

「縛りの写真集を出してみてはどうか」

という話が出た。耽美文学シリーズとして『花と蛇』を分冊で七、八冊出したころである。

まだ縛りの写真を一冊にまとめた写真集は出版されていなかった。その種の写真集には当局の取締りもきびしい。東京オリンピックの開催を控えて施行された悪書取締りの都条例が廃止されてもいない。

活字表現に比べて写真は視覚的にインパクトが強い。直接的に視覚を刺激する。なわをかけて縛る、という行為は悪である——と見られても否定できない。今日のようにヘアーヌードが店頭に平然と並べられているような時代ではない。

裸にして縛るから眼をつけられる。着衣の縛り、とりわけ和服・和装ならば、その種のマニア(愛好家)もいることだし、裸の縛りよりも当局の眼をのがれることにもなるのではないか——と、団鬼六、芳賀章ら三人の間で企画をすすめた。

そのころ団鬼六は三浦三崎に一家をかまえていて、東京には所用に応じて出てくるという生活だった。

「三崎は魚がうまい。一度こないか」

と呼ばれて三崎へ行き泊めてもらった。見晴らしの良い高台に一戸建ての手のこんだ平家の造りだった。なんでも夫人の実家が三崎では名の通った家柄で、土地の有力者のひとりだ、と他から耳にした。

なぜこの三浦三崎に移り住むことになったのか。それは東京新橋で酒場を開いているとき、顧客のなかに、夫人の兄弟がいたという。その兄弟の誘いで――借金を清算するために新橋の店をたたみ三崎にきた。そして中学校の英語教師となり、夫人と職場結婚で結ばれた。高台の家も夫人の実家の支援によるものだという。

夫人の兄弟のひとりが写真店（キャメラの販売をふくむ）を三崎で開いていた。そこで、新商品として売り出されて間もないニコンのキャメラ「ニコマート」を仕入れ値で、しかも分割払いでゆずってもらったことがある。

それは縛りの写真集を出すようになってからである。三浦三崎は海、海岸、そして洞窟など人目につかぬ場所があること、夫人の実家がよく知られているせいか、民宿を借りてモデルをふくめて泊まり込みの場合でも、何かと便宜を図ってもらえて好都合であった。

団鬼六のファンだと名乗る人物、賀山茂があらわれた。好都合なことに彼は縛りができるという。そして知りあいに若いキャメラマンがいるということだ。彼は普通のヌード写真を撮る通称婦人科と呼ばれるキャメラマン山口崇だった。モデルクラブも知っていて、必要であれば縛りのモデルを交渉できるかもしれない、ということだった。

「よし、一発やってみようじゃないか」

と団鬼六の掛け声で、まず当局の眼からの安全を念頭に置いて、和装縛り、脱いでも長襦袢ぐらいまで、モデルには和服の着こなしができること――そんな条件で、モデルの交渉は使い走りもいとわぬキャメラマンに頼み、縛りのできる団鬼六ファン賀山茂らのスタッフで『緊縛写真』を撮影した。品川区内の元料亭だったという風情のある庭、二間つづきの広い和室などが使用できる場所を探し出したのはキャメラマンだったか、それとも後述する鬼プロの製作担当の田代幸三のどちらかである。

賀山茂は会社経営の実業家だというふれこみだった。肉付きの良い肥満タイプだが、縛りの手つきはあざやかである。

『裏窓』時代から縛り写真は多く眼にしているけれど、間近に縛るところを眼にするのは初めてである。ロープは綿のやわらかい親指ぐらいの太さのものだった。そう古くもなければ真新しいものでもない。

「荒縄とか固い麻のロープは、どうも女性の肌には似合わないね」

これが賀山茂の嗜好のようだった。まだ実際に女性を縛った経験はないけれど、賀山茂の好みは素直に受け入れられた。製作費（製版代）なども考えて、まずはモノクロの写真集を、という企画だった。第一集の撮影はすべてカラーぬきである。

キャメラマンからモノクロの紙焼きの写真が届くと、団鬼六を中心に全六十四ページぐらいの写真集、原則として一ページに一枚という割付けで、編集上の小細工はせず、凸版による写真製版で印刷することにした。

全六十四ページだが、本の束《つか》（厚さ）を出すため、厚手のコート紙を使用した。定価は千円である。発行部数については記憶が失せているが、一般書店には流してもらえないかもしれないからという芳賀章の判断で、第一発は初刷り千五百部ぐらいではなかったかとおもう。

販売ルートの流れからこの『緊縛写真』第一集がいけそうだ、と芳賀章の判断が出た。すぐに第二集の撮影と編集製作をすすめた。最近（二〇〇九年）神保町の古本屋で、この二冊がセットになって二万円でビニール袋に入って売られているのを眼にした。

活字本ではないので、写真を選び、製版すれば下版まで手間がかからない。この縛り写真の撮影は、根があそび好きの団鬼六を――腹這いになり、そばに電動式のエンピツ削りを置き、せんべいをポリポリかじりつつ『奇譚クラブ』の「花と蛇」の終りのない原稿を書きつづけねばならない――その苦痛から解放することになった。

二十五　鬼プロ誕生

そのころ（一九七一年）団鬼六は、国電渋谷駅から恵比寿駅に向かう山手線の外側、渋谷から十分ぐらい歩くところに、鉄筋二階建てのAGアパート、その一階の一部屋を借りて事務所（仕事場）

と宿泊兼用に使うようになった。それまでは三浦三崎から必要に応じて電車でやってきていた。この鉄筋アパートを不動産屋で探し出し、契約などの手続きをすませたのは、実は夫人である。そのために夫人は三崎から足をはこんでいる。こういうことは団鬼六は苦手である。そばで見ていてそれがわかる。

このAGアパートが鬼プロ旗揚げの地となる。浴室があったかどうか今となっては不明であるが、ここをねぐらに留守番代わりをするようになるのが浅草からやってきたたこ八郎である。元ボクシング日本フライ級チャンピオンであり、コメディアンとしてピンク映画、ピンク劇場で活躍する。さらに東映の任侠ものの脇役や日活で谷ナオミと切った張ったの敵役などを演じた山本昌平がいた。女優では辰巳典子、紅真知子など。紅真知子は聡明でコケティッシュなタイプで話が合った。ニューヨークへ演劇の勉強に行きたいと夢を語っていた。日活でデビューする前の白川和子や宮下順子らも出入りしていた。彼、彼女らは団鬼六が契約していた恵通チェーン（地球座）系列のピンク映画を上映する間のつなぎに、エロチックなコメディ劇を上演していた。それは団鬼六の脚本によるものもあり、また彼らによる創作コントのようなものもあった。

このほかに恵通チェーンで二百万円で買い上げてもらうパートカラー（濡れ場だけがカラー）のピンク映画を百六十万円の製作費で、映画が撮れる監督にゆだねていたが、人手や手間がかかる割には利益が上がらない。下手をすると百六十万の製作費が予算オーバーすることがある。もともと団鬼六はそろばん片手の商人のタイプではなく、あくまでもあそびの人である。

渋谷から恵比寿に向かう山手線沿いで鬼プロが旗揚げしたころ、鬼プロの仕事をすすめてゆく上で大変に貴重・有能な人物があらわれた。田代幸三である。松竹映画（大船撮影所）で小津安二郎のチーフ（助監督）を務めたという経歴の持ち主であった。

彼は松竹時代の身分証明書を大事に持っていた。それを鬼プロにきてから写真集の撮影をするとき役立てていた。旅館やホテルなど撮影場所を借りるとき、自分の身分を保証するひとつとして、その経歴を示すのに、さりげなく役立てていた。時代物の写真撮影では衣装やかつらなどのレンタル先も手帖にメモしていた。さらに金銭の出入りについては几帳面にメモする人だった。

芳賀書店での縛りの写真集は出足がよかった。それに追随する写真集が当然のごとく他社から出るようになった。

芳賀章という男は負けずぎらいのタイプでもある。ならば他で真似のできないものをつくってやろうじゃないか——そういう思いが団鬼六との間で交わされるようになる。

そのころ、芳賀章と団鬼六とを結ぶ役割をつづけながら、双方に役に立てばという気持ちから、鬼プロの誕生後は、事務所にも必要に応じて出入りしていた。いつもは池袋のビックリガードの上に建つ前島ビルの事務所にすわっていて、そこから神田神保町の芳賀書店と渋谷の鬼プロと、必要に応じて出かけた。写真集の撮影では鬼プロのスタッフのひとりだった。

市井の好事家・賀山茂の縛り方、その手つきはいつも現場で注意深く見守っていた。

『裏窓』の美濃村晃からは、彼の挿絵や私的な縛り写真を見せてもらうことはあったが、直に手ほどきを受けたことはない。興味があるなら自分でやってみろ――というのが美濃村晃の教えだったとおもう。

鬼プロで賀山茂の縛りを見ていてロープやひもの掛け方、結び方が手にとるようにわかった。そこに、なるほどそうだな、と感心させられる縛りのテクニックと縛られた女性の姿（リアクション）があり、興味がわいてきた。だから浦戸宏の実技・実践上の師匠は賀山茂ということになる。

「賀山茂の緊縛料は高い。そばで見ていてわかるだろう。やってみろよ」

と団鬼六から言われた。賀山茂の一日（実際は半日）のギャラは当時で五万円だと聞いていた。そのギャラを直接手渡すのではなく、彼が赤坂に飲み食いできる手ごろな店を出していて、撮影があったあとでその店へ鬼プロのスタッフやモデルを連れて行く。そしてギャラに相応する飲食費をおとすわけだが、ギャラをオーバーする飲食費になることもあったようだ。

団鬼六自身は、おれの手は握力が弱い、エンピツを握るか女の手を握る、その握力しかない、縛りはできん――と冗談まじりに言いつつ、ときどき自分の好み、嗜好に応じた縛り方、女の表情などの演出を現場で指示していた。そばにいてそれは、納得のゆくものだった。

二十六　初の縛りから『緊縛大全』

賀山茂が本業で忙しくてこられないとき、初めてモデルを縛る機会がめぐってきた。

初めは緊張もあったが、手がなれてくると、一言で言えばおもしろいということだった。それはロープやひもで、縛り絵を画《えが》いているようなイマジネーションのおもしろさであり、縛られた女のリアクションと魅力によるものである。

「それでええ、上等だ。これからずっとやれ」

団鬼六は現場にきていて、そうほめ、自信を持たせるのであった。そしてそれを機に、ギャラぬきの自称ロープマンとして、縛りをずっとつづけることになる。


負けずぎらいの芳賀章が、他社の縛り写真集を突き放す、追随はゆるさない、との思いで発想した企画は、従来のヌード写真とはおもむきを異にして若者向けの週刊誌などで人気のあった写真家・篠山紀信に依頼する、ということであった。彼なら縛りというものに興味を示すだろう、条件次第でやってくれるだろう、と考えたようである。

この企画は団鬼六との間ですすめられ、さらに写真集のレイアウトを宇野亜喜良に、ということになる。もちろん監修は団鬼六である。そして篠山紀信からやってみようとの返答があり、宇野亜喜良も了解（彼のテーマで入れたいものもある）という話で製作がすすめられた。縛りは浦戸宏で、となった。

この企画をすすめるにあたり、その製作進行の担当として舞台裏で大きく力を発揮したのが前述の田代幸三である。それまでも鬼プロの縛り写真の撮影においては、モデルの手配、衣裳やかつら、

篠山紀信写真集『緊縛大全』監修・団鬼六、構成・宇野亜喜良（芳賀書店、1971年）

撮影場所に至るまで必要に応じて彼は準備にぬかりはなかった。大変に貴重な存在である。それは映画という大勢のスタッフによる撮影現場で経験とその苦労を重ねた人だからこそできる役割であり仕事である。

今日のような生撮りビデオや局部丸出しの写真や映像は、とても不可能だった。一九七〇年代において、団鬼六監修・篠山紀信撮影・宇野亜喜良構成による『緊縛大全』（芳賀書店、一九七一年）は、ひとつの記念すべき写真集だったといえる。

この撮影は、篠山紀信のスケジュールもあり、撮了までにのべ三週間以上かかっている。特に記憶に残っているものに、たとえば「女囚」ものとして、旧中野刑務所の長くて高い外塀を背景にして、早朝、盗み撮りをしたこともある。モデルに囚人服を着せての撮影である。またロケバスを運転手つきで借りて伊豆の温泉場に出かけての温泉芸者の縛りもあった。

撮影中に団鬼六の様式美を活かそうというねらいと、篠山紀信の縛りのリアリズムやそのリアクションのねらいとは、必ずしも一致するシチュエーションではなかったが、そこは団鬼六のこと、一歩ゆずる姿勢、ある面でのサービス精神がうかがわれた。

宇野亜喜良は、ホモセクシャルとは言いがたいが女装の範疇に類するものや、写真スタジオでロープによる縛りの装飾、そのバラエティを求めた。これはロープマン浦戸宏にとっても「女を縛る」というイマジネーションとは別の、やりがいがある見せ場であった。宇野亜喜良の指示——希望する白いロープで可能なかぎりをモデルにからませ巻きつける——も、ひとつのあそびとして示すことができたとおもう。また詩を一編入れたいということで、嶋岡晨の詩を入れた。

ほかにも、撮影中にはいろいろあったようにおもうけれど、すでに四十年近くも前の一九七〇年代のことで記憶が曖昧である。この写真集のモデルを募集したとき、キャメラマン篠山紀信ということで普段の鬼プロの縛り写真にはOKしてくれなかったモデルクラブからも、モデルのテストに進んで応募があり、全裸でキャメラの前に立つ姿が印象に残っている。

『緊縛大全』の撮影終了後のことだが、篠山紀信は後始末のため彼の事務所をたずねた田代幸三に、もう一度、彼（浦戸宏）の縛りで撮ってみたい——と、もらしていたという。

二十七　連縛四人娘でいこか

この篠山紀信の『緊縛大全』と前後してもうひとつ、鬼プロの縛り写真を最初に手がけた婦人科出身のキャメラマン山口崇の、集大成のような函入り豪華写真集を出している。

この撮影は、鬼プロで劇団をつくり、たこ八郎らとエロチックコメディを演じていた山本昌平に古風な農夫のような扮装をさせて、女を誘い出してきては洞窟のなかに閉じこめたり、外に連れ出して農作業をさせたりと、なんとも理解しがたい人物を設定したドラマ仕立ての写真集であり、団鬼六独特のユーモラスな発想によるものだった。

三浦三崎の城ヶ島へ行く途中、三浦大根がたくさんつくられる農地から海辺に下りてゆく高台に、よく利用する民宿があった。その民宿をキャンプ地にして、人気のまったくない海岸に下りる。さらに数百メートルも歩いた断崖絶壁の下に、内部の高さが十メートル以上もある大きな洞窟があった。そのなかに角材で牢屋のようなものをつくり、そこに閉じこめた女たちを撮る、そんなシーンもあった。

この撮影も、モデルの都合や天候により集中的に撮影ができず、撮り始めてから一カ月近くもかかったようにおもう。

さらにもうひとつ、森山大道の縛り写真集ともいうべきものがある。『蜉蝣』(芳賀書店、一九七二年)だが、これも芳賀章が、篠山紀信とは趣きを異にする写真集として思いついたのであろう。三浦三崎のいつもベースキャンプにしている民宿で、雨に降りこめられていたとき、ふと「雨に濡れて歩く女の姿には、ちょっとした風情を感じるね」ともらしたところ、森山大道はさっそくモデルに雨の中をヌードで歩いてもらい、それを後ろから撮ろうと言いだした。

民宿から海岸へおりてゆくなだらかな雨の坂道で、オリンパスペンの小型カメラでパチパチと撮るなどしていた。

こうした写真集は活字本の耽美文学シリーズより製作費はかかるけれども定価が高く、売上げ高は金額的にはアップする。当然その印刷も最初の『緊縛写真』のごとくモノクロの凸版製版刷りというものでは始まらない。カラー印刷をふくめてオフセット印刷となる。レイアウトについては前記の画家でありデザイナーの江渕晃夫に依頼した。

一方で鬼プロのほうも旗揚げしたAGアパートでは手狭になる。そこで三浦三崎から夫人が足をはこび、渋谷区桜丘の新築マンションで、二階のワンフロアー三部屋ほどを契約した。渋谷駅からも近く四囲に視界をさえぎるものがなくて、一九七〇年代のその辺の住宅状況からして環境も申し分なかった。

「田代さん、伊豆ではもう早咲きの桜が見られるんじゃない？　花見と行こうじゃないか」

鬼プロの撮影その他、縁の下の力持ちとして働いており、全幅の信頼を置いている、小津安二郎のチーフ助監督だった田代幸三にうながす。団鬼六は繰り返し述べているようにあそびの人である。金銭や女遊びの浪費家では決してない。人を連れて飲み食いや物見遊山に出たい、という、ある種のサービス精神に富んだ浪花の旦那的なところがある。こうした団鬼六の人柄について、誠に的を射た紹介をした堀江珠喜『団鬼六論』（平凡社新書）がある。

早咲きの桜の花見に行こうじゃないか、は、ついでに写真撮影もしてこよう——である。田代幸三はすぐにモデルの交渉とキャメラマンのスケジュールをたしかめ、日程を組む。もちろんロケバスの手配も必要になることもあるが、団鬼六が物見遊山の気分で、もう一泊しようじゃないか、ということにもなりかねない。そういうことも予想に入れてロケバスをやめ、伊豆半島なら交通の便もよく電車で、ということになる。

このへんの判断はすべて田代幸三の長年の読みである。芳賀書店では活字本よりも写真集に比重をかけているときでもあった。撮影した写真がお蔵入りになることはない。

「今度の伊豆は、(テーマは)なんでいきますか?」と団鬼六に訊いてみる前に考えた。また温泉芸者の縛りでは新味がない、以前にも撮っている、それに芸者用のかつら、衣裳、その他小道具を揃えるとロケバスが必要にもなる。

今回はロケバスなし、というスケジュールを考えて、

「三、四人モデルを連れて行き、その連縛《れんばく》というのはどうですか?」

と思いつきで訊いてみると、

「そうだ、それがええわ、連縛でいこ」

と即決する。

初日に連縛を撮ってしまえば、翌日はモデルを皆残しておく必要もない。モデル料も加減できるから、四人ほど連れて行こうということになる。そして田代幸三がモデルの手配と宿泊先へ予約を入れる。

桜の下で娘たち四人の連縛とくれば、これはちょっとした売りになるな——とイメージがふくらむ。

二十八　伊豆の早咲き桜と加山又造

早咲きの桜が満開である。肌をなぜる心地良いそよかぜに、うすいピンクの花びらが散る――ひら、ひら、と。

幹の根もとに色白の肌がひときわ眼をひく。四人の娘が皆、全裸でそれぞれ後ろ手・高手小手《たかてこて》に縛られて――桜の幹を背にして等間隔にひざをくずしてすわっている。尻の下に青い茣蓙が敷かれている。

細い足首――そしてふくらはぎ、さらにひざから股にかけて肉付きの良い太股を固く閉じている。後ろ手に縛られた縄尻はひとつにして幹の根もとに括りつけてある。

少し距離を置いて庭園に持ち出した籐椅子に和服の旦那がゆったり腰をおろし、傍のテーブルの上の酒肴を手にとる。ひら、ひら、と散る桜の下の絶景を眺めつつ洒落た花見――という構図である。このイマジネーションは、ハートのなかで、和服の旦那には団鬼六がよく似合うな――と初対面のときがよみがえってくる。

団鬼六（当時は花巻京太郎）は新米編集者に、エロ雑誌の編集者なんかしていても、しゃあないだろう、テレビの脚本を書け、とすすめながら、自分でもこのままエロ原稿を書きつづけていて、どうなるんだ――と戸惑いを見せていた二十代の美青年だったが、いまはどうだと、伊豆の熱川に向かう列車の窓から好天の下の海、ブルーの色を眺めつつ振りかえってみる。

「田代さん、早咲きの桜を見に行こか」

と大店の若旦那の気分よろしく予算、銭金のことはあまり考えずに言う。渋谷の新築マンションに事務所を移転した後も芳賀書店との仕事はまずまず順調である。その団鬼六にとって唯一の心の負担というか悩みは、長年のつきあいから断りきれない、関西で伝統を守りつづけるように、いくども当局の注意を受けながらも出版をつづけている『奇譚クラブ』の原稿「花と蛇」の結末なきドラマを読者の期待にこたえて書きつづけなければならない苦痛であった。この苦痛から一刻でも逃れたい。それが、桜を見に行こか――ではなかったか。

「おれのかわりに書いてくれんか」

冗談まじりに言われたことがある。

「原稿料を現ナマで、書く前に送ってくるんだ」とも言った。

そうまでして団鬼六、いや「花と蛇」の原稿を書かせたい、書きつづけてもらいたい――その『奇譚クラブ』の要望は団鬼六もよくわかっているのだ。編集者や出版業者にとっては読者こそ強力な味方である、それを裏切ることはできない、ということも。

熱川にやってきた鬼プロ一家は、和風造りの旅館のなかで、その日の撮影をすませた。

四人のモデルはほぼ同じ体型で、とくにグラマーというタイプではない。この種のモデルが団鬼六好みのようである。彼はときどき私用の写真を手持ちのキャメラで撮る。そのタイミングが実に巧みで若旦那風である。

「ねえ、ちょっと記念写真を一枚――」

撮影をひと休みしているときか、あるいは撮了後のほっとしたとき、モデルたちにオープンな、ヘアーヌードをさりげなく求めて自分でシャッターを押す。そしてさらにもう一枚記念に、というときがある。それはモデルひとりのときもあれば複数のときもあるが、すっぽんぽんのモデルを立たせたまま自分はその横に膝をつくように屈みながら、「シャッターを頼む」とキャメラを渡したりする。複数のモデルのときは間にはさまれるように身を屈める。そのとき立っているモデルたちのお腹のあたりに彼の顔の位置がある。

仕事としての縛りの撮影では、彼女らはヘアー出しの写真は撮らせない。一九七〇年代にはヘアー出しの写真は使用できなかったから撮っても無駄であり、撮ることもなかった。

団鬼六の「ねえ、記念写真を一枚」という、きわめて自然な求めに素直に応じるモデルたち――そこには大店の若旦那風に心をなごませる余裕のようなもの、気分を解放させる先天的な魅力があるようにおもわれた。

この熱川での撮影のときの、仕事を終えた後の団鬼六は、心から解放されているらしく、楽しそうな夜の宴となった。鬼プロの三人とキャメラマンを入れて四人、そしてモデル四人である。

もともとがあそびの人、あそび好きの団鬼六は、酒と気持ちの解放感を満喫しているようであった。前述したように彼が原稿を書くスタイルは、腹這いの姿勢、そしてせんべいをポリポリかじりながらのエンピツ書きである。そばには電動式のエンピツ削りを置いている。

小説『花と蛇』を読んだものにはわかるはずだが、決してなぐり書きの文体ではない。一字一字に思いをこめた書きかたである。だから心に負担が重くのしかかる。その苦痛からの解放、早咲きの桜を求めてきた熱川の夜が、団鬼六を解放する。田代幸三の心配りで酒肴が、ほどほどの予算ではこんだとき、先生一曲と声を掛ける。この一曲の声が彼を楽しくさせるのだろう。これも前に述べたようにカンツォーネで、声量豊かにのどを聞かせてくれる。ついで追分節となる。この追分節について芳賀章も「参った」と感心していた。そして赤城の子守唄である。

歌のジャンルは別々であるけれど、日ごろ彼に接していると、これが彼のなかで完全に一体化しているのがわかってくる。

熱川での夜が明けると、翌日もおだやかな天気だった。そしておもいもかけぬ客が団鬼六をたずねてきた。売り出し中の日本画家・加山又造である。画商にともなわれて熱川へ、撮影現場へとやってきたのである。そのころ加山又造という名前は、中間小説の月刊誌の挿絵家として眼にしたことがあった。

「加山又造さんは将来を期待されている日本画家です」

と画商は撮影現場で紹介した。団夫人と画商とは以前から知り合いだという。当然、団鬼六も夫人から耳にしているはずだった。

「どうぞ、どうぞ。気を楽にして見学なさってください」

と持ち前のサービス精神から決していやな顔をすることはなく大歓迎である。

「きみたちも自信たっぷりの若い肉体を、この将来有望な絵画の先生に見てもらいな」

現場に不意に他者が入ってくるのはモデルたちにとって緊張がある。スタッフ以外の眼に肉体をさらけ出すというのは、公衆の面前で裸を見せることにも似た戸惑いのようなものがあるかもしれないが、そこは画商や加山又造もその場をよく理解しているようだった。

間をおかず仕事をつづけるのが、場をつくろう唯一の方法でもある。画商や加山又造がやってきたところは大半の予定はすませていたので、たぶん初めて見るであろう縛り方（ロープのかけ方）などを、そこで披露するサービスにもなった。

そして一度モデルたちの縛りをすべて解いた。彼女たちはそれぞれバスタオルで前をかくして座敷にすわっている。ふと、加山又造ならここでどうするか、それをたずねてみたくなり、なにかポーズの付け方などありませんか、と問うてみた。すると、よろしいですか、と前置きしてから——

「すみません、皆さん、それぞれ自由に畳の上に寝転がってみてください」

と言った。モデルたちは顔を見合わせながら笑みを浮かべ、畳の上に体を伏せるようにして転がった。

「そうそう、それでいいですよ。すみませんね、ちょっとだけスケッチさせてくださいね」

と手さげの紙袋からスケッチ帳を取り出した。素早く四人のポーズをスケッチしてゆく。その手のうごきが早い。

団鬼六も加山又造とやってきた画商も、無言で見守っていた。

「もうひとつお願い、両手両足を思いきり大の字にのばして――体は伏せていていいですよ。できればお腹で全身を支えるように、あごを上げて、ぴーんと四肢（両手両足）をのばして――我慢ぎりぎりまで、そう頑張っていてくださいね――」

加山又造は小学生の子どもに言うような口調で、四人のモデルが腹筋運動のように、いいっと力みながら大の字に手足を伸ばすポーズをスケッチにおさめているようだった。

そして帰りぎわにモデルひとりひとりにありがとう、ありがとうねと声をかけていた。

これが一九七〇年代初めごろ、伊豆熱川で目にした、後に日本画の大家となる加山又造の、ある日のスナップである。

このときのスケッチが活かされているのではないか、という画集を、ずっと後に眼にした記憶がある。

二十九　耽美文学シリーズの幕引き

こうした鬼プロの写真シリーズ（芳賀書店発売）は、耽美文学シリーズを全二十五点で打ち止めにしてすすめられたが、それも区切りをつけるときがくる。それは一九七〇年代後半から八〇年代に隆盛となるＳＭ誌が数社から前後して創刊され、その口絵ページの写真が派手になってきた。物見遊山でロケバスで出かけてモデルを縛り、写真集を出せば銭になる甘い時代が去ってゆく。それと同時に団鬼六の原稿が引っぱりだことなる。未完の『花と蛇』を持ち出すまでもなくファンは彼を忘れてはいなかった。

その少し前、団鬼六が「谷ナオミから写真集はどうかという話があるけれど、そこらのモデルを縛って撮るようなわけにもいかんだろう」と言った。富士五湖へロケバスで出かけて、東宝でスチールマンの経験があるキャメラマンで時代物の縛りをオープンで撮ろうと民宿で一泊しているときだった。テレビに『女ねずみ小僧』の時代ものが流れていた。小川真由美の主役だと記憶する。

まだ日活に出演する前の谷ナオミだったが、ピンク映画では名の売れたスターだった。

「ナオミの、ねずみ小僧っていうのはどうですか?」とテレビの画面を見ていて切りだしてみると、「そうか、ねずみ小僧か、話してみよう」で、谷ナオミの「女ねずみ小僧」その縛りの写真撮影が企画として決まった。

そのころ渋谷の新築マンションから目黒の元競馬場（バス停）近くに、うっそうと太い庭木が数本茂る、広い庭付きの古風な二階建ての家屋に団鬼六（鬼プロ）は移転した。その太い庭木の枝に谷ナオミを逆さ吊りにしてはどうですか、と言ったところ、そんなアホな、と一蹴された。その撮影のときの谷ナオミは、田代幸三が借りてきた忍びの者（忍者）の衣裳を着け、メークに長々と時間をかける、その間、スタッフは待たされていた。モデルクラブのモデルたちとはメークだってちがうのよ、これが当時の谷ナオミのプライドだったのだろう。

この目黒の鬼六邸はその後、団鬼六自ら指揮をとる鬼プロの第三期の舞台となり、月刊誌『ＳＭキング』時代に入る。通称「ネコちゃん」で親しまれた女性を編集長として月刊誌の発行に踏み出す。これが後に団鬼六の『鬼プロ繁盛記』となる。

その前に田代幸三は役割を終えたごとく静かに姿を消す。池袋のビックリガードの上、ビルの七階に戻った浦戸宏は日活撮影所通いが始まる。

社屋の下で都営地下鉄工事が実現するまでは、と頑張りつづけていた芳賀章は、その地下鉄工事の実現（補償）で、八階建ての自社ビルを建てるきっかけとする。

田中英光や原民喜の本の版元である芳賀書店への持ち込み企画の詩文学書、その企画では手形は落とせない、ゼニになる企画をと望まれて耽美文学シリーズを手始めに、それから、さらに縛りの写真集へとエスカレートする。

そして篠山紀信の『緊縛大全』や森山大道の縛りの写真集に至るまで、芳賀書店・芳賀章は、ひたすら手形を落とすために走りつづけていたようにおもう。その彼のために、手形を落とすための手助けをしてきた――そんなおもいもするが、しかし充足感みたいなものはどうであったか――ふとそうおもう。が、しかし芳賀章は愛すべき人間だったと思う。

彼の存在、その仕事ぶりは一九八〇年代のＳＭ雑誌、そのブームの火付け役になっている。雑誌、月刊誌では手形を落とせない、だから彼は雑誌には見向きもせず、ひたすら書籍、写真集しか出版物は考えていなかった。

彼が浮世絵・春画を福田和彦監修で出版した豪華本は、今日とちがい、男女の交合の図、その局部はすべて銀粉を吹きつけるしか出版はできなかった。今日それを開けばみるも無残な春画だろうが、それも出版文化、その歴史を語る遺産ではないか。

耽美文学シリーズに幕引きをしたのち、淀川長治らの監修者を得て「日本映画」「シネアルバム」など、やはりビジュアルな図書の刊行を企画として取り上げた芳賀書店、その一九七〇年代から八〇年代の銀幕浪漫ともいうべき出版物は、内外の映画が衰弱してしまった今日では貴重な映画資料集、その浪漫であるような気がする。

三十　弱いものいじめはＳＭか

一九八九年（平成元）三月三十日付の朝日新聞の〝女子高生をコンクリ詰め〟という社会面トップの五段ぬき記事は大変にショックだった。そして事件の内容が明るみに出るにつれて不快感がつのってきた。

前年の十一月下旬、東京下町でアルバイト帰りの女子高生にナンパ目的で眼をつけた不良グループの少年ふたりが、自転車で帰る途中の彼女をすれちがいざまに突きとばす悪玉と、そこへ正義の味方然と助けに現れる善玉に扮して芝居を打つ。そして彼女を仲間（報道によると悪役を張った少年）

の家の二階に拉致して、翌年一月初めまで悪グループ（五人とも七人とも報道）で、四十日余も監禁して暴行を加えると同時に、五十一キロの体重が三十五キロに衰弱するほどの飢えの状況においた後に殺害してしまい、しかも工事現場からかっぱらってきたドラム缶に遺体をコンクリート詰めにして東京湾の埋め立て地に捨てる、というサディスチックな犯行が報道された。これが大変にショックだったのは、多勢に無勢の恐るべき犯行で、残虐な弱い者いじめの一言につきるからである。

このような現実の出来事とは受け入れがたい犯罪記事を読み、ふとおもい浮かぶのはつぎのようなことである。

事実は小説よりも奇なり、と言うけれども、たとえば日活ＳＭロマンポルノ映画の脚本家たちが机上で描いたシナリオ、その筋書きのリアリティは、この不良グループの手口や犯行にくらべれば、足下にも及ばぬ絵空事でしかなかった。

現実社会に生きてゆく人間が心のなかに秘めている欲望、その性的欲望に内在するサディズムが屈折して突如、引き起こす犯罪というものは、ときに衝動的であり、きわめて残酷だということである。つまり屈折したサディズムが強者にではなく、つねに弱者に向けられることが多くて、その弱者に向けられることの残酷、残虐性を、新聞の記事は伝えているのである。

いつであったか、鬼プロ時代に小説『花と蛇』について、『奇譚クラブ』に連載中の団鬼六に訊いてみたことがある。『花と蛇』のヒロイン、静子夫人にはモデルのようなものがあるのですか？この大河小説の発端には、六本木とか銀座とかの地名が出てくるので、モデルらしき人物がいるの

は、その辺のところかなと。ところが、

「強いてモデルをあげるとすれば、芦屋あたりの大家の若奥さんというか、令夫人の名称に値する美貌と知性を兼ねそなえた夫人かな」

これが団鬼六の答えだった。

前述のように彼は関西出身、大学も私立で名門の関西学院大学だし、学生時代に見聞した高級住宅地、名家の多い芦屋あたりの令夫人をイメージにおいて『花と蛇』のヒロインである人妻を創造したのかと納得した。

ちなみに『細雪』の名作を書いた谷崎潤一郎は、生まれは江戸っ子だが、関西の地に移り住み、関西弁、それも芦屋界隈の上流夫人の言葉遣いを現地の人から教えをうけたという。

繰り返しになるが、小説『花と蛇』を今日のSM小説（ヒロイン中心に言えば、マゾヒズムへの限りなき変貌をテーマにした一大マゾ小説）のルーツと信じて疑わぬものにとって、先の不良グループによる女子高生コンクリ詰め（このように表記をすることには戸惑いをおぼえるが）記事を眼にしたショックから、さらに小説『花と蛇』のヒロインについての連想へと、つぎのような思いをめぐらせた。

ヒロイン・静子夫人は弱者ではない、と言えば語弊があるか？　彼女は並の人間（男たち）には近寄りがたい気品、美しさ、知性や教養をそなえ、そして心がおおらかな令夫人の名に値する女性として描かれている。磨けば磨くほど輝きを増す宝石、真珠のような色、艶と深み、犯しがたいほどのMの原質のごときものを秘めた、まさにSにとっては聖母の存在をイメージさせる強者である。

これに関連して団鬼六が、かつてこう言った。

「静子夫人の気品や美貌は傲慢なほどの輝きを持っている。だから彼女が後妻として嫁した財閥遠山家の元運転手や女中、ズベ公らをはじめ夫人の気品と美貌のとりこになる色事師、やくざたちは、美しいが故に傲慢にも映る夫人の肉体と精神を、とことんいたぶり弄ぼうとするのである」

そのとおりであろう。小説『花と蛇』の魅力がここにある。そしてズベ公や色事師、その手のやくざたちに責められ、弄ばれる静子夫人は弱者ではなく強者である。だからこそ小説『花と蛇』のドラマは成立し、読者を魅了するのであろう。

現実に起こった残虐な事件と小説やドラマを同一次元で云々するのは無理があるけれども、一般的にドラマ（小説や映画）で、エンターテインメントとして快感を覚えるのは、現実的なディテールはふまえながら強い者いじめである――弱い者いじめでは暗くて不快そのものでしかない――ということになる。

そこで、小説『花と蛇』を原作と銘打ち、谷ナオミ主演で開花した日活ロマンポルノのSM編、そのヒロインたちは、小説のヒロインと同じく、はたして強者だっただろうか？　と、仕事仲間の気心の通じるスタッフに問いかけてみたことがある。

結論を言えば、SMロマンポルノとして、シナリオライターたちが机上で書いた台本のほとんどが弱い者いじめだったようにおもう。

SMという名のもとに、拉致されて地下室や廃屋のなかに監禁され、いじめられ、いたぶられ、弄ばれて、いとも簡単にM（マゾ）女に変心（変身）させられてしまうヒロイン、多少の抵抗は見せるものの男たちの意のままになる女というよりは人形として、おおかたの台本では筋書きされていた。

このパターンは後々まで変わることなく、脚本家や監督が入れかわってもヒロインの筋書きについては同一パターンで繰り返され、これがSMロマン映画であり、SMだ、とつくられていたのでは？　とおもう。

そしてもっとひどいというか、観念的だったとおもわれるのは、女性ならばだれもがいたぶられ、弄ばれ、責めあげられるとMに変心（変身）してしまう――と短絡的に決めつけているようなところである。

その根底には、こうしたシナリオライターや監督、ロマンポルノ作家たちの思い込み、SMについての幅の狭さ、あるいは女の秘めている順応性ともいうべき奥ゆきのひろがりについて認識不足があったのではないか、あるいは見当ちがいをしているのではないか、結局は絵空事で終わっているではないか――そんな思いがする。

この絵空事がSMロマンポルノをつまらなくする要因のひとつだったとおもう。

一九八〇年（昭和五十五）五月、谷ナオミが引退し、後継者に仕立てられた麻吹淳子のデビュー作『白衣縄地獄』（監督・西村昭五郎、脚本・浦戸宏）のときである。

新SMの女王というふれこみで、そのお披露目をかねて東京は六本木、会場は団鬼六の実妹・黒岩三代子のスペイン風な店「ドン・ルーチョ」での宣伝パーティについで、大阪、九州博多へと麻吹淳子に同行し、芸能ジャーナリストたちの前で縛りを披露したときである。

博多でも記者やキャメラマンたちを前にして宣伝用の縛りやインタビューの後、日活系列の上映館の館主や支配人たち五十人ほどの宴会場に麻吹淳子と共に招かれた。その席で多くの方からつぎのような質問を受けた。

「なぜ、ＳＭものと言えば暗い内容のものばかりなのか？　もっと明るいというか、アベック（当時は今日のカップルをこう呼んだ）や、粋な夫婦連れが手をつないで観客として入場できる、そういうＳＭ映画はつくれないのか？」

これにはまったく同感だった。ＳＭ映画の製作現場にいて、そのスタッフのひとりとして実現したいテーマである。いまでもその席でのことが忘れられない。この話を現場にもどり、監督やプロデューサーたちに、その具体案をふくめて伝えてみたけれども、いぜんとしてワンパターンというか、弱い者いじめのシナリオがあとを断たない。しかもそれに添っていたずらにハードというか、ひっぱたいたり、吊るしたりの繰り返しがつづいた。その責任の一端は緊縛指導という名のもとにスタッフだった浦戸宏にもある。

そのころだったとおもう。深夜とつぜんに団鬼六から電話があり、「縛ったり、ふんづけたり、吊るしたりするばかりではなく、もっといやらしく色っぽく責める手は考えられないのか、現場についていて」と、痛烈にこたえる苦言を耳にした。

映画は現実のディテールをふまえたドラマであり、お芝居としてのつくりごとではある。けれど現実に起こる事件、出来事からヒントや発想のきっかけを得ることが多々ある。先にあげた事件は

「ドラマ（映画）よりも残酷なり」とも言うべきで、脚本家が机上で考えるよりも現実の出来事のほうがはるかにショッキングであり、恐ろしくさえある。

だからこそ、シナリオライターたちは現実に、人間の住む世の中にずっと昔からはびこり、根を張っているところの強者と弱者、そこから生じる弱い者いじめ――そこにマゾヒスチックな、屈折した男（S）たちの欲求不満に終始する観念的な筋書き（ヒロインはそのための人形のごとく）のシナリオ作りから抜けだせなかったのではないか。


美濃村晃はかつて「縛るなんて、女の子の手を握るようなものだ」と言っていた。喜多玲子として画《えが》いていた美濃村の責め絵は、もちろん縛っているから苦悶の表情を浮かべてはいても、何より美しかった。『裏窓』時代から彼の私的な縛り写真をふくめて見ているが、決して乱暴な扱いをしていないのはよくわかった。丁寧に縛ってあるだけではなく、縄目が少なく、ぴたりと決まっている。撮られている女性の苦悶が恍惚の表情にさえ思える。

伊藤晴雨に「雪中責め」という有名なモノクロ写真がある。その撮影のために、晴雨はモデルとなった自分の妻を裸同然で縛り上げて実際に雪の中に放置したという。晴雨がいかに責めにリアリティを求めていたかを示す例だが、しかし妻を大事にしなかったということではないとおもう。迫真のリアクションが生まれる瞬間には、責めているほうも責められているほうもおなじように高揚しているものだ。それは自分で縛りをするようになってしばしば感じたことである。

一方の美濃村は「かたち」を重視していたのだとおもう。この「かたちで見せる」「画《え》になる縛

画・喜多玲子（『風俗草子』1953年9月号口絵「縛り絵六景」より）

り」は美濃村から学んだところが大きい。画になるというのは単にきれいに縛るということではなく、後ろ手にするか、前で縛るか、見るもののイマジネーションをかきたてるかたちがある――ということだ。そこから生のリアクションも出てくる。

単なるリアルなからみや激しいだけの責めでは、女と男の情のこもったからみつきは生まれないのではないか。日活のSMロマンポルノの撮影現場ではそのことが十分に理解されていなかったようにおもう。

かつてSM嗜好の持ち主、その実践者や愛好家たちの多くが、愛情がなければプレイ（SM）はできぬ、プレイには愛と信頼とが不可欠だというのを耳にした。しかし世の中には、そのような分別ある紳士淑女ばかりではない。Mを求めてさまようSたち、そのSたちのなかに身をひそめている屈折したサディズムは、時に衝動的であり、自己中心的な弱者支配から弱者抹殺へと、暴走しかねない恐るべき欲望のエネルギーを内蔵している、ということではないか。

三十一　女人切腹と片桐夕子

一九七四年（昭和四十九）に映画『花と蛇』『生贄夫人』と二本つづけてから、三年近く調布の日活撮影所から遠ざかっていた。

この間も小沼勝監督とは電話で話したり撮影所の外で顔を合わせたりしていた。そのころ片桐夕子を紹介された。彼女は日活の大部屋出身の女優だった。大部屋というのはニューフェイスなど新人の俳優を個室ではなく大きな部屋、つまり大部屋に入れる。そのなかからただの通行人の役やエキストラにひとしいセリフのない役をこなしているうちに、監督やプロデューサーの眼にとまるようになる。そしてセリフのある役につくことができる、という撮影所のシステムである。

片桐夕子は短いがOLとしての経験があり、育ちの良さのようなものが身についていた。デビューは『八月の濡れた砂』（監督・藤田敏八、一九七一年）である。そして日活がロマンポルノ路線に活路を求めたとき、『女高生レポート夕子の白い胸』（監督・近藤幸彦、一九七一年）をはじめ一九七一年から七三年にかけて数多くの主演作において、天真爛漫な性格から一気に人気が出た。

その片桐夕子と撮影所では顔を合わすことがあっても、お互いに笑みを交わすだけだった。彼女にあるとき女人切腹をテーマにしたロマンポルノ路線はどうかという話を持ちかけたことがある。白装束、できれば白の袴姿が良い。三方にのせた短刀を手に武家の作法に則り、下腹を一文字に掻き切る、白の衣裳に赤い鮮血がにじむ――という女人切腹である。この種の嗜好はSM派のなかにいる。かつて『奇譚クラブ』にヌードによる女の切腹が掲載された。それは下腹に血のりを付けたもので、その血のりはモノクロ写真だから黒くなる。写真はヌードであったが、白い装束ならヌードよりも様式美が映える。

この女人切腹の話に片桐夕子は乗り気だった。しかし小沼監督は、ドラマづくりとしてなぜ切腹するのか、動機がいると言う。なぜ女が腹を切るのかをドラマとして納得できる筋立てが必要だという。その理由づけがむつかしい。たとえば三島由紀夫の自作自演の映画『憂国』を例にとれば、二・二六事件におくれをとった青年将校が自刃する、それをみとった上で、妻がのどを突き刺して果てる、この場合は切腹ではなく自害である。そこでたとえば『女白虎隊』のような筋立てにしてみる。飯盛山で会津藩の若者たちが切腹した構図は考えられぬか。若者のなかに実は若い女性がいて、彼女が彼として共に腹を掻き切る、という設定はどうであるか。こんな話を片桐夕子の前で話したかどうか、いまとなっては記憶が曖昧であるが、彼女はこの女人切腹の話をどこかで喋ったようである。

どこでこの話を耳に入れたか、それとも雑誌の記事で読んだのか、京都に在住の切腹について種々その資料などを集めて研究している中康弘通が知ったようだ。ぜひ映画として実現してほしい、という強い希望を未知の間柄である片桐夕子のもとへラブコールとして送ってきたという。

片桐夕子主演による女人切腹はまちがいなくロマンポルノの場外版として話題を呼ぶはずだと自信があった。しかし当時の日活の首脳陣、まずはプロデューサーを動かすのが無理ではないか。その一歩手前で小沼監督を説き伏せるようなドラマ構成――たとえば前記の白虎隊のストーリーができればあるいは、という期待もなくはなかった。それにしても片桐夕子はじつに得がたい女優だった。非ポルノ的ともいえる女の魅力があった。

彼女は後にアメリカに渡り、女人切腹の映画もまぼろしとなった。

女人切腹で片桐夕子にラブコールを送ってきた、京都在住の切腹研究家・中康弘通には、久保書店で出版した『切腹——悲愴美の世界』という著作がある。復刻版が国書刊行会から出ている。

一九七九—八一年ごろ、『えすとえむ』という同好誌を南池袋の事務所で出していたときだった。読者の投稿写真として「女人の切腹」を掲載したことがある。それを眼にとめた中康弘通からさっそく賛同の手紙をもらった。それから何度か文通しているうちに、つぎのことを手紙で知らされた。三島由紀夫が東京の自衛隊市ヶ谷駐屯地に「楯の会」の同志と乗り込み、バルコニーから「諸君よ、起て！」と檄を飛ばして割腹する、という衝撃的事件（一九七〇年十一月二十五日）が起こったが、事件の数年前に切腹の作法についての質問やその参考資料などの問い合わせを受けていたという。

そのときは小説原稿の資料か、あるいは映画製作の参考であろうかと受けとったという。事実一九六六年（昭和四十一）に三島由紀夫は、前記の上映時間二十九分の映画『憂国』を製作している。ところがまさかの割腹死という事件が現実に起きた。しかも自衛隊の市ヶ谷駐屯地においてである。そのショックからすぐには立ち直れなかった——と中康弘通の手紙に書かれていた。

「女人切腹」のプレイ（あそび）写真として浦戸宏が発行人だった月刊誌『えすとえむ』二二号（一九八〇年一月二十五日）に掲載した読者からの寄稿モノクロ写真を参考までに本書に収録しようと考えたが、石原慎太郎が東京都知事で、コミック雑誌や図書などの悪書から青少年のすこやかな育成を守るための規制がなされていた時代だった。切腹プレイの写真があまりにリアルであり自殺幇助罪にふれる可能性がある、と言われればそのモノクロ写真一枚をみて、少年あるいは少女が腹を切って自殺するおそれがあるということになるだろう。

ちなみにその写真は白の肌襦袢、股間には白い木綿の下ばきをしっかりと締め、小刀（短刀ではない）の鞘を体の前に置き、右手に白紙で刀身を巻いた刀をにぎりしめ、ヘソの下数センチを右から左へと切り裂いている。

血のりがリアルにつけられ、白い下ばきにたれ、にじんでいる。女の顔はうつむきで黒髪に隠れていて見えない。一枚のモノクロ写真としては実にみごとにつくられたプレイ（あそび）写真である。これを寄稿されたのは東京に住むTTと名乗る人物だった。掲載料など一切不要で『えすとえむ』にのせてくれれば、それでよし、ということだった。

切腹の写真や映像が駄目だということになれば古くからの日本の芝居や映画でおなじみの『忠臣蔵』は一体どうなるというのだ。江戸城中で吉良上野介の仕打ちに我慢できず、城内松の廊下で切りつけた浅野内匠頭は幕府から即刻、切腹を命じられる。あの切腹シーンも自殺幇助罪として、かつての東京都の条例の下では禁止、差し止めとなるのか。

そんなバカなことが――とはいうものの、たしかにそれがあった。その事例として映画『赤穂城』（監督・萩原遼、出演・片岡千恵蔵二役（浅野と大石）、山田五十鈴、木暮実千代、月形龍之介ほか豪華なキャスティング、一九五二年東映京都）を大変に興味深くみた。「よみがえる日本映画・東映篇」として映画保存のために京橋のフィルムセンターが特別事業費から選んだものである。

まず『赤穂城』（城主は浅野家）というタイトル、映画の題名についてである。『忠臣蔵』であるべきものが『赤穂城』だったのには以下のようなわけであろう。

一九四五年八月六日に広島、九日に長崎に米軍の原爆投下があって八月十五日に無条件降伏、そして米国、そのGHQの下に戦後日本の民主主義が始まる。それを機に時代劇、チャンバラ映画についてGHQからの規制がある。仇討ちもの、主従の上下関係を賛美するものなど封建的な武家社会に基盤を置く映画は一切不可となった。

一九五一年（昭和二十六）、サンフランシスコ平和条約で日本がGHQの支配下から解放されるというか、独立国になるのだが――実際には翌年の一九五二年四月に占領統治が終わる、その同じ四月に東映が公開したのが、この『赤穂城』だった。

実はこの映画『赤穂城』には、浅野内匠頭が桜（夜桜）の下で「――風さそふ、花よりも――」の辞世の句、そのシーンはあったが、切腹するカットは一切なしである。腹切りなぞという武家社会を賛美するようなシーン、その映像は実際にはまだGHQの統治下で作られた映画だから、シナリオの段階から省かれていたのであろう、とおもう。

そういう意味からも貴重な映画『赤穂城』であったとおもうし、出演者の豪華さ、そのキャラクターや演技やドラマの厚みも今日のチンピラ時代劇に比べると雲泥の差がある。

日活で中原俊監督『縄姉妹　奇妙な果実』（一九八四年二月封切、脚本・石井隆）の撮影に参加したときだ。一月下旬の寒いときだった。早乙女宏美、美野真琴らが出演していた。

ふたりを太い樹の枝に果実のように、括り猿のように縛りつけるというか、ぶら下げるという大変に面倒な仕事だった。

そして二〇一一年（平成二十三）の春にその早乙女宏美と二十七年ぶりに、ある会合で出会った。

七、八人の同好者のあつまりで偶然の再会だった。彼女も「あれっ?」というおどろきの表情だった。おたがいに予期しない再会であった。

そして早乙女宏美がひとり芝居『女人切腹』を演じてみせてくれる、ということをその場で知らされた。あの早乙女宏美が――とにわかに興味がわいた。

二十数年ぶりにみる顔は、かつての面影をとどめながらも小娘ではなく大人の女を感じさせた。

「血のりは?」

芝居に入る前にきいてみた。用意しています、と答えが返ってきた。さすがである。

数珠、位牌、短刀など必要な小道具も早乙女宏美は自分で用意していた。黒の喪服、その下に白の長襦袢と和装の衣裳にもぬかりはなさそうである。血のりを、どこで、どう使うか、興味がわいた。

そのひとり芝居のストーリーは、夫か愛人か、男に先立たれた若い女が遺書をしたため腹を切る――というドラマ、セリフは一言もなし、すべてアクション(演技)のみで見せる。

数珠を手に位牌に頬ずりして抱きしめるようなアクションで先立たれた男へのおもいを演じてみせる。そのへんから六畳二間の畳敷きの間、距離を置いて眺めている七、八人の仲間(観客)の眼をひきつけてゆく。初めは距離をおいて突き放すように、二十七年ぶりにみるまだ新人の小娘だった早乙女宏美、東京国分寺に住んでいます、そう教えてくれた彼女だったが、今、こうして七、八人の大人の男女の眼を釘付けにするように『女人切腹』を演じて見せているのに、だんだんと引き込まれていく。

あらわな下腹に突き刺し、右から左へと白紙を巻いた短刀におもいをこめてひきまわす、そして止どめはぐっと腹部へ短刀を突き刺したとき、血のりが畳の上に散る――ラストは前に倒れ込むように畳の上に身をふせる――おおよそ三十分の演技だったが――全員が拍手をおくる感動的な出来だった。

女人の切腹もSM的なプレイ（あそび）のひとつである。本当に腹を切るなどありえない。あそびだから楽しめる。世の中にあそびを理解できない石頭、イマジネーションが欠落した人間たちがいる。そういう人間たちの世の中ほど、実はこわいものはない。

三十二　ラストシーンがドラマを決める

三年ぶりに日活撮影所の門をくぐることになったのは一九七七年（昭和五十二）九月末か十月初めだったとおもう。それは小沼監督からのつぎの電話によるものだった。

「こんど団鬼六原作『黒い鬼火』から『貴婦人縛り壷』というのを撮ることになったが、どうだろうか」

という誘いであった。この三年間、彼とは前述のようにときどき電話や顔を合わせてはいたけれど、撮影所の仕事についての話はなかった。

映画『花と蛇』『生贄夫人』後の三年間に谷ナオミはつぎのような日活作品に出演している。

『残酷・黒薔薇私刑』（監督・藤井克彦、一九七五年四月）
『お柳情炎　縛り肌』（監督・藤井克彦、一九七五年六月）
『新妻地獄』（監督・加藤彰、一九七五年十二月）
『濡れた壷』（監督・小沼勝、一九七六年三月）
『奴隷妻』（監督・加藤彰、一九七六年六月）
『団鬼六　夕顔夫人』（監督・藤井克彦、一九七六年十二月）
『団鬼六　檻の中の妖精』（監督・小原宏裕、一九七七年六月）
『団鬼六　幻想夫人絵図』（監督・小原宏裕、一九七七年十月）

題名に「団鬼六」のネームが入るようになったのは『夕顔夫人』からである。これは谷ナオミの出演作品はもちろん、それ以外の女優のものでもSMものという意味で付けられるようになった。

そのころ『夕顔夫人』など何本かの縛りについては撮影所に出入りしていたヌード専門のキャメラマンが手助けしていたと聞いたが、撮影所で顔を合わせたり紹介されることはなかった。日活がロマンポルノ路線を打ち出したとき、ピンク業界からモデルやピンク映画で経験のある女優を紹介した功労者だとも耳にした。現場のスチール写真を雑誌社などに持ちこむことも撮影所では黙認していたようだが、これについて谷ナオミは、勝手に自分のスチールが持ち出されることに嫌な思いをしている口振りだった。

小沼勝監督が『花と蛇』『生贄夫人』から三年後に声をかけてくれたのには、そうした事情があったのかもしれないが、おたがいに遠慮なく仕事ができる相手として声をかけてくれたのは幸運だった。それから一九八八年（昭和六十三）五月七日封切作品『団鬼六　妖艶能面地獄』（監督・加藤文彦、脚本・掛札昌裕、出演・柏木よしみ、長坂しほり）のロマンポルノ終焉に至るまで十数年間に五十本近くの撮影現場に立ちあうことになる。

「新宿あたりで助監督（加藤文彦）をまじえて話したい。どこか話ができる場所、喫茶店でもいいが」

と小沼監督から電話があり、それでは歌舞伎町にスカラ座という古風な、外壁につたの生えた名曲喫茶がある、その一階はサロン風の空間に椅子が置いてあって話をするのに好都合だと場所を決めた。二階三階は名曲喫茶として落ちつける雰囲気で、長い伝統をもつスカラ座だったが、いまは姿を消して久しい。

すでに脚本（いどあきお）は決定稿としてできていた。それを叩き台にして、どうすれば生きた女、と男のドラマがつくれるか、が話し合いのテーマになった。前掲の谷ナオミ主演のＳＭものが責めを重視したワンパターンだから、趣向を変えてみたい――これが小沼監督の意向だった。そのために声をかけてくれたようである。

台本のストーリーを簡略すればつぎのようなものだ。

時は昭和初期という設定。今日からみれば時代劇にもひとしい、大地主が力をもつ村の話ということになろうか。

谷ナオミ演ずる女（浪路）は没落した旧家の娘、父の借財先の大地主（高木均）のもとへ、恋人への思慕の情を胸のなかに秘めたまま嫁ぐ。馬の背にゆられて峠を越えて。

大地主役の高木均は新劇出身である。四十代半ばの堂々たる体軀である。谷ナオミとの年齢差やキャラクターも倒錯的ないろどりの持ち主として、演技にどこか無器用さが見えるのも、かえって横柄なインパクトがある。

台本では浪路の恋人であった青年（志賀圭二郎）を屋敷に呼び寄せて偽りの祝言をさせたり、さらに主人（大地主）がいながら他の男（恋人）と床を共にしたという不義密通を理由で裸馬にまたがせて引きまわしのうえ磔《はりつけ》に処す、という筋書きや庭の巨木に縛りつけて激しい風雨の夜、さらしものにする等々、じつに盛り沢山であった。

そこでこのドラマのラストシーン、その結末について知恵をしぼると――金の力にものをいわせて女を手に入れたものの、女の心まで手に入れることができず、男は一種の嫉妬心から責めることに執念を燃やす。

しかし当然のことながら、女はどのように責められても（体は男にゆだねても）心を堅く閉じてしまい、彼を受け入れようとはしない。しかも忘れることのできぬ相愛の恋人がいる。そのために体は開いても心はつめたく閉じているのだ。男はますます嫉妬の炎を燃やす。ことあるごとに言いがかりをつけて責める。そんな男の陰険な振舞いにじっと耐えているが、ふとしたきっかけで女が逃げ出してしまう。

女に逃げられた男は怒り狂い、連れ戻すために追いかけるかと思いきや、女のいなくなった広い座敷で、ひとり畳一杯にひろげた色あざやかな晴れ着に顔を埋めて激しく嗚咽する——そんな男の心情をドラマの結末に持ってきてはどうか、単に嫉妬に怒り狂い女を責めることに終始するのとは一味ちがう作品になるのではないか、と。これは台本には描かれていないラストシーンへの差し込みとして、小沼監督に提案した。

したい放題に生きている大の男が、女に逃げられてしまった、と痛感したとき、女体の残り香が甘く匂うような、赤い長襦袢（話し合いをつづけるうち晴れ着から赤い長襦袢となる）を両の拳で堅くにぎりしめて涙する。シナリオにはないこのドラマの結末、ラストシーンを思い描いての提案だ。

それをおぎなうように、つぎのことを言ったとおもう。それは見聞にもとづく実感でもあった。

一般的にS的な嗜好の持ち主と言えば粗野で狼藉者のごときイメージにとらわれがちだが、実はナイーブ、純真無垢で、小心なお人好しが多い。だから、したい放題に生きているS的な男でも、女に逃げられてしまった、という孤独感から、赤い長襦袢に残り香を求め、その面影をしのび嗚咽する、というドラマの結末があっても不自然ではないし、観客の心に訴えるはずだ——これに小沼監督もうなずいたのだとおもう。

では、サディストの大地主が妻（谷ナオミ）に逃げられて涙するラストシーンでよし、それでいこう、とうなずきあってから期せずして、しかし——という思いにとらわれた。

ロマンポルノ映画として観客が期待をよせるのはヒロインである。主役は女優であり、谷ナオミである。もし、ラストシーン、そのエンディングを大の男が赤い長襦袢を両手で握りしめ、頰をすりよせながら、ポロポロ涙を流しているカットにしてしまえば——それはそれで面白いけれども——主役は男ではなくおんなだ、主役のぬけたラストシーンとは何事ぞ！　と日活の社内試写後に上からクレームをつけられることになるやもしれぬ。

ならば——前夜、風雨のなかを闇にまぎれて屋敷をぬけだし、恋人のもとへ走ったはずの妻・浪路が、翌早朝、雨あがりのもやのなかから素足で、雨に打たれたままの和服姿でそっと戻ってくる。なぜ、あれほどまでに陰険な責めや仕打ちをうけた男のもとへ戻ってくるのか？　こういう思いを観客が抱くとすれば、それにも応えなければならない。その応えは説明ではなく、エンディングとしてのラストカットの絵づくりで見せるしかない。

それはこうだ。大の男が畳の上にひろげた妻の晴れ着や長襦袢を前にして、がっくりと膝をついて肩をおとしている。その後ろ姿を、朝もやのなかから素足で屋敷へ戻ってきた妻・浪路（谷ナオミ）の慈悲深い眼差しが窓の外から静かに見守る。その浪路の表情の大写し（クローズアップ）に、このドラマの結末、そのすべてを賭けてみることだ。

三十三　瑜伽と縛り

映画『団鬼六　貴婦人縛り壷』（一九七七年十二月封切）撮影初日は東京都下五日市の人里離れた峠の山道だった。午前中は峠を花嫁姿で馬の背にゆられて浪路（谷ナオミ）が、父の借財先、大地主のもとへ嫁入りするシーン、そのロケーションである。午後はシーン変わりで、さらに人家から離れた採石場の広い跡地で、不義密通の罪名で時代劇風な女囚の衣裳で裸馬にまたがらせ、引きまわしのシーンを撮る予定であった。

『生贄夫人』以来、三年ぶりに谷ナオミと顔を合わせた。

「どうしてたのよ！」と握手を求めてくる彼女の笑顔を眼にしたとき、なつかしいような、うれしいような、快い気分だった。

午後のロケーションの前に昼食をとることになり、街道沿いのレストランまでロケバスや移動車に分乗して出向いた。レストランに入る寸前に谷ナオミがそっと耳もとでささやいた。

「あたしのファンで、縛りが好きだと言う人がいるけれど、あなたの縛りのほうが、ずっといいって言うのよ。こんど撮影所に見学に見えると言うから紹介するね」

前述のように『生贄夫人』以後三年ほどＳＭものの縛りは年輩でフリーのヌードキャメラマンが

手助けしていたが、その代償として縛りの場面をスチールして持ち出す。それが谷ナオミには不満でもあったようだ。撮影所には以前からの専属のスチールマンが三人もいたのである。

三人のなかで一番仕事を共にしたのは目黒裕司である。彼は昭和三十年代、石原裕次郎や小林旭が日活映画で活躍したころからのスチールマンだった。ロマンポルノになってからポスター用の写真撮影を手伝ったことも何度かある。そのなかに今日でも谷ナオミの写真として他社の出版物でも掲載される一枚がある。

「いつもセットを背景にポスターを撮っているけれど、こんどはスタジオで背景はライトだけにして撮りたいとおもう。ポスターだし、長襦袢で撮ってみたい。縛りとポーズを考えてよ」

と目黒裕司の要望で手伝ったときの一枚である。長襦袢に両袖を通し膝を崩してすわっている。その両手首を頭上で括り、高く持ち上げられた谷ナオミがややうつむきかげんのポーズである。これは目黒裕司の撮ったポスターのうちでも傑作の一枚である。

「あんたの縛りのほうが、ずっといいって言うのよ」

とは、谷ナオミのファンなる人物が『花と蛇』と『生贄夫人』の縛りを評価しての発言だったのであろう。これは浦戸宏の縛りの好みと、そのファンの縛りの好みとに共通するところがあったのだろう。撮影所にそのファンが訪ねてきて紹介されたが、控えめでジャケットにノーネクタイというダンディな中高年だった記憶がある。

三年ぶりに再会した谷ナオミに、じゃ、久しぶりに頑張らなくちゃな、と笑みで応えると、そうよ、頑張ってよ、の言葉が返ってきた。

街道沿いのレストランで小沼監督らと同じテーブルで昼食をとっているとき、木綿の着物に赤い腰巻、そして赤い鼻緒のわら草履をはいた小娘を紹介された。

「田島はるか――」

監督はそれだけしか、その場では口にしなかった。大地主という設定だから屋敷には小作人や奉公人、下女たちがいるはずだから、そのうちのひとりだろうと眺めていると、ポルノ女優を志す新人にしては、どこかもの静かすぎるし背丈もない。バストやヒップがとびきり目立つというプロポーションでもなさそうだ。しかし、そのタレントらしくないというか、ごく普通の小娘らしい静かな雰囲気を持っているところに魅せられた。これが、ひとめぼれ――ということになるか。谷ナオミにはわるいけれど、こちらを縛ってみたい、と。

食事をすませ、コーヒーを飲んでいたとき、他のスタッフが先にテーブルを離れたのを見計らい監督に、彼女の縛りはいいとおもいますよ、と真顔で言うのはなぜか少し照れくさいので、さりげなく口にしてみた。

「ああいうタイプにそそられますか」

「いいですね」

そんなやりとりがあった。

田島はるかの役は、大地主の屋敷に出入りしている奉公人ではなくて、頭の少し弱い、村娘という役だった。しかもお腹にだれのものかわからぬ種を孕んでいる、という設定だった。そういえば着ている木綿の着物の上からも臨月が近いとおもわせる腹部のふくらみ（仕掛け）が眼についた。

「彼女は瑜伽（ヨガ）にこっていて、インドへ行きたい、そう言っているようですよ」

コーヒーを飲みおえて午後の撮影現場へのロケバスに乗るべく、レストランを出るときに監督がボソボソと言った。

その夜、家に戻って田島はるかが関心を持っている瑜伽について、さっそく辞書をひいてみた。《瑜伽》とは――梵語、古代から伝わるインドの心身鍛錬の方法――と記されている。つまり呼吸をととのえ、瞑想の世界に入って正理《しょうり》と一体になる――と説明がついていて、精神と肉体のトレーニングであるらしい。

中学、高校時代のニキビ盛りのころには、ひとめぼれすることもあった。しかしニキビが消えるころから異性を突き放して見るようになり、ひとめぼれはしぜんになくなった。そして女優らしく見えない田島はるかを監督から紹介されて、久しく忘れていた初々しいエロスにひかれるような思いだった。

それは彼女の体つき、立ちふるまい、歩き方、多くは喋らないけれど話をするときの眼の色気や顔の表情である。そのなんとなく心惹かれるものは彼女が放つ雰囲気である。それがもし瑜伽と関連するものだとすれば、さらに興味がわく。古代インドとか、密教とか、瑜伽とか、そういう言語から連想するイメージは、人それぞれがひとしく心に秘めている欲望（性的な欲望とか妄想とかに置きかえてもよい）と連結するように見えてくる。

それはなぜ？　と訊かれても即答はできないが、インドを発祥の地とする仏教、その仏教美術、宗教的な美術品（彫刻や絵画）のなかに、すごく淫らなともいうべきイマジネーションをそそるものがある、そういう思い込みが潜在的にあるせいかもしれない。

《ヨガ》とカタカナで表記されるところの肉体の鍛錬、トレーニング方法と縛りとの接点を引きだすとすれば、四肢を折り曲げたり伸ばしたりしてロープをかける、そこのところに共通点が見えてくる。四肢の曲折にかかわるヨガの肉体的なトレーニングと縛りとの類似性があるようにおもうわけだ。

つまり骨細で四肢が柔軟であるほど縛りやすいし、魅力的な縄がけができる。高手小手（後ろ手）の縄がけの例を持ちだすまでもなく、縛るということは四肢（五体）に柔軟性を求めることである。ヨガもまた外見的なかたちから言えば、身体を柔軟にすることではないか。

そんなふうに偏見と独断をもって想像するとき、田島はるかとの出会いはロマンポルノ女優（この名称とは程遠い）との出会いではなく、ひとり《瑜伽》の世界に踏みこもうとしているニンフ――妖精との出会いのようでもあり、後に、異性をふくむ四人で共同生活を営んでいるという話をじかに耳にするに至り、関心はさらにつのった。

三十四　裸馬にまたがる感触

『貴婦人縛り壷』にはこういうシーンを考えていた——

白い単物《ひとえもの》を着せられて荒縄で高手小手に菱縄をかけられた女囚は、乗馬用の鞍をつけていない裸馬にまたがり、野次馬どもの群がる市中引きまわしの後に刑場へと向かう。

引きまわしのさい罵声を浴びせられ、好奇の眼にさらされる女囚、その黒髪はこよりで無造作に束ねられており、裸馬の背中をまたぐ白い内股が、かすかに割れた単物から恥ずかしげにのぞく。両の瞼を静かに閉じてうつむき、馬の歩みに身をまかせている女囚は、やがて不義密通、主殺しの咎人《とがにん》に擬せられて刑場において磔となる。

今日では不義密通などは死語であり、かりに不倫（浮気）とでも言いかえてみても、不倫のために邪魔者である夫に多額の保険金をかけておいて、間夫なる色男か、殺し屋までやとって夫殺しを平気でやってしまう女性たちもいる。男よりもずっと女が強くなっている世の中だから、不倫行為を不義密通の名のもとに、男の側の論理、都合のもとで女を刑場で磔刑に、というのは遠い遠い昔のお話である。

そういう遠い昔のお話になぞらえて、映画『貴婦人縛り壷』のヒロイン、浪路を演じる谷ナオミを人里離れた採石場の跡地、小学校の運動場ぐらいの広場で、不義密通という汚名で、まずは市中引きまわし、ならぬ、採石場跡地での引きまわしと相成った。それにはつぎのような事前の打ち合わせがあった。

「馬の手綱を、たとえば十メートルぐらいの長さにして、その手綱を広場のまん中で持ち、半径十メートルの円をぐるぐる描くように馬を駈けさせる。もちろん裸馬の背には不義密通をしでかした浪路こと谷ナオミをまたがせておく、というのはどうであろうか？」

クランクイン前の打ち合わせで小沼監督は問いかけるように言った。

「それは、いいアイデアです」

とこちらもホイホイと調子良く、採石場跡地での市中引きまわしのイメージを頭のなかに描いていた。

採石場跡地の背景は十数メートルほどの断崖絶壁である。その上に処刑役人ならぬ大地主の高木均が、巨体を仁王立ちにして断崖下を見おろしながら処刑宣告をする。

「人妻、浪路、不義密通の咎により市中引きまわしの上、磔に処す」

すると地主屋敷の無口な作男役の高橋明が、十メートルほどにのばした手綱を持ち「ソーラ、ソラ」と声をかけると、女囚を背にした裸馬が作男のまわりをぐるぐると円を描くように並足から徐々にスピードを上げて駈け出す。これが監督の絵づくりであり、それはベリーグッドだと賛同していたのだが――。


菱縄で高手小手に決めたいところだったが、馬がスピードを上げた場合、その縛りで馬にまたがせるのは危険だ。両手を後ろ手に括られているので、バランスを失い落馬したときは、事はカスリ傷程度ではすまない。大変な事故となる。

じつは私事になるが、母方の祖父が農耕用の牛馬の仲買い（馬喰）をしていた。一九四〇年前後の日中戦争時代には軍馬供用という名目（お上からの強制）で種牡馬をあずかり、その種付けなどもやっていた。そういう田舎の育ちだから祖父の指導で小学校に上がるころから裸馬の背中にまたがるようになっていた。四季折々の馬の体温、とりわけ冬場の馬体のあたたかさが股間に伝わってくる。

太陽がかんかん照りの田舎の真夏のときには、短いパンツ一枚で裸馬にまたがって田んぼみちを走らせ、清流の川に水しぶきを上げて乗り入れる。深い淵へと馬を泳がせる。

馬は水面から首や頭を高く持ち上げて背中まで水中に沈める。四肢で水を蹴るようにして泳ぐ。馬の体型からして人間のように水中に沈んでしまうことはない。

パンツ一枚でまたがっているとヘソのあたりまで川のなかに沈む。とても気持ちが良い。馬は首を高く持ち上げて鼻を鳴らす。こうした裸馬との水中での感触の快さ、心地良い思いを股座《またぐら》にあじわえるのはやはり夏だった。

だが馬は、ときに乗り手が新米だと、たぶんふざけ半分だろうけれども、なめてかかる。あるとき、まだ春先だったが、厩《うまや》から引き出し、轡《くつわ》をはめて田んぼみちを川の方へと走らせているときだった。とつぜん、馬が後肢を揃えて蹴り上げるように、オーバーに言えば逆立ちをするほどに跳ね、向きを変えてあばれた。

その拍子に、たまらず馬の前方に投げとばされた。したたか叩きつけられたが、幸いに地面が田んぼだったので大怪我をせず助かった。そのとき、さらに驚いたのは前方に転がり落馬した人間を踏みつけまいとして、物につまずいたようにすぐわきに四肢を折りまげ、どたっと音を立てて、馬が横転したことだ。

「馬というやつはかしこい、気のいい（気の小さい）動物だから、いくらあばれ回っていても、背中から落馬した乗り手をめったに踏みつけたりすることはない」

これが長いこと馬と接していた祖父の言葉だった。


やわらかい田んぼのなかの道とはちがい、採石場跡だから地面は固い。その固い地面に両腕を後ろ手に縛られたまま走っている馬上から落ちたとすれば、大怪我をすることになる。これは面倒だな、とロケーション現場を眼にしたとき、具体的な危惧の念にとらわれた。

実際に眼にした石切り場の跡地は予想していた以上に広く、手綱を長くのばして、ぐるぐる円を描くように馬を走らせるに十分な広さだった。そして切り立った断崖の上に地主役の高木均が仁王立ちしても、崖の下から見上げると彼が小さく見えるほどの高さがあった。

その断崖の上にキャメラを据えて、菱縄を打たれた女囚を背にして、ぐるぐる回る馬の俯瞰を撮るのは絶景だな、とロケ現場を見てそうおもった。

ところが、である。予期せぬこと、とんだ見当ちがいがあった。これがつまずきのひとつだった。馬運車でやってきた馬は劇用としてのレンタルである。トレーナーもついている。そこでまず十メートルぐらいの長さの手綱をつけて、想定していた画コンテのように、円を描くように回そうと馬だけのテストをしてみると、馬は手綱の持ち主の方へまっすぐにやってくる。凧糸におもりをつけて遠心力を利用して、ぐるぐる回るようには馬は回ってくれない。

馬に同行してきたトレーナーは事もなげに言った。

「手綱を引かれる方に、馬はやってきますよ」

裸馬にまたがせての引きまわしのシーンについて、地主屋敷にいる若い奉公人（十六歳の若者）を、小姓がわりに馬上で谷ナオミと背中合わせにまたがせてみよう、と監督に提言していた。

小姓がわりにという発想については、独断と偏見によるものだが、昔、武将の奥方が落城を目前にして自害（切腹）するときの、ひとつの手段というか、快楽的自害の方法として、胡座をかかせた小姓の膝の上に、背を向けて正座する体位である。これはものの本を見ての発想だった。

小姓のペニスをおのが肛門に咥《くわ》えこむように結合してひとつとなり、小姓の手に握らせた短刀でヘソの下を一文字に掻き裂いてもらいつつ、赤い炎につつまれた城のなかで、快楽的な苦悶のうちに息絶える。そういう女人切腹の図のイメージが、かつてみた冊子本で眼に焼きついていた。

このイメージから若い奉公人を谷ナオミと背中合わせにして、引きまわしの馬上で高手小手に縄がけしてみよう、と監督に了解を得ていたのだが、じつはその引きまわしのロケーション現場を眼にして余計なことだったなと、いささか後悔した。

劇用として調教されたおとなしい馬とはいえ、鞍をつけていない裸馬に、かつて一度も馬にまたがったことのない、谷ナオミと若者（奉公人）を背中合わせに括ってしまうのは大変な危険、落馬したときの事故が予想される。

画としては背中合わせにまたがらせるのがよい。そこで裸馬に腹帯のようなかたちで荒縄を一本しっかりまきつけ、馬上で背中合わせの谷ナオミと若い奉公人との両手を後ろ手に括り合わせたように見せて、馬の腹帯にした荒縄をしっかりと摑み、馬の走りに応じて上体のバランスを崩さぬように頑張れ、と注文をつけるしかない。

馬にまたがらせる前に谷ナオミの胸の縛りにかかる。注意することは両腕の自由は利くように工夫しながら、谷ナオミの豊かな両乳房を荒縄ではなく、黒く染めた細引きで確《しか》と決めた。先に述べたように谷ナオミは、両の乳房を形よく、びしっと決めること、そこに裸を売り物とし、被縛の美を見せたいとする女優としてのプライドを持っている。

「三年ぶりだけど、ゆるみがないね」

と黒く染めた細引きで胸を変型の菱形にからめながら胸の感触をほめると、

「そうかなあ、自分ではたるみが出たようにおもうけど」

と胸縄を決めたばかりの両の乳房をまだ自由のきく両手で下からかるく撫であげるようにしていた。

白い単物の上から荒縄で高手小手、菱形の胸縄を決めて裸馬にまたがせれば、時代物風な引きまわしのムードが出てくるのだが、そんなムードづくり（芝居づくり）よりも、鞍をつけていない馬にまたがせて無事に引きまわしのシーンを撮り終えることだ。

劇用として調教されている馬だが、乗馬初体験の役者ふたりを同時に背にして、いささかきつく、勝手がちがうなという眼をしているようだった。

ふたりをまたがせてのテストは、まずゆっくり馬を歩かせることだった。谷ナオミは前向きであ

『団鬼六　貴婦人縛り壷』より　谷ナオミ、滝沢淳、高橋明

るが、奉公人は後ろ向きである。テストのテストみたいに、とりあえずトレーナーが口取りをして引きまわしを始める。初めて馬にまたがったふたりは身を固くして緊張感が一杯である。どちらかがバランスを崩しかけると、背中合わせにふたりの両手首を軽くではあるが括りつけているので、どたっと落馬しそうである。とりわけ奉公人役の若者が神経質な青年らしく、顔から血の気が失せている。後ろ向きだし、むりもない。

監督と、そしてキャメラマンの森勝（前作『生贄夫人』も担当）は、馬上のふたりにはあまり見向きもせず、馬が走るスピードをどのようにキャメラに収めるか、付き添いのトレーナーに注文をつけて、馬をポカポカ、パカパカ、と駈けさせる。

そのはずみに「キャー」と谷ナオミがバランスを崩して、いまにも落馬しそうな悲鳴を上げる。見守るスタッフもハラハラする。これではとても打ち合わせどおりにはいかんな、と、かつての落馬体験を思い出しながら採石場跡地の固さと、乗馬初体験の出演者ふたりの緊張ぶりを眼にしていると、女囚引きまわしのドラマチックなイメージがふっとんでしまっていた。

三十五　逆さ磔が画になる

奥多摩の石切り場の跡地で引きまわしの刑、そのロケーションの翌日だった。

「ねえ、これ見てよ」

カマボコ型の撮影所のステージの片隅、そのなかのセットのものかげで谷ナオミが、手招きして衣裳の赤い長襦袢の裾をまくり、そっと内股を見せるのであった。きめのこまかい前貼りを自分でつけた内股に赤い湿疹があった。それは裸馬にまたがり、執拗なテストと本番の繰り返しで痛めた皮膚の炎症によるものだった。

「ちょっと、ひどいな」

と同情しながらも、前日のロケーションでは監督のOKに応えようと彼女が弱音を吐かなかったことに、あらためて心打たれる思いだった。

鞍をつけないで、じかに裸馬にまたがると内股のやわらかい皮膚が、馬の走りにこすれて炎症をおこすのは容易に想像できた。しかし、前日のロケの現場では、裸馬に背中合わせでまたがり、乗馬が初体験の谷ナオミと奉公人役の若者が、落馬だけはしないように念じつつテストから本番までの成りゆきを祈るように見守るしかなかった。そしてなんとか無事に撮り終えた。そのシーンに多少の不満はあったけれども、まずは落馬事故がなくてほっとした。

「あたし、Mじゃなくて本当はSよ」

と常に、谷ナオミは冗談気にもらしていたけれど、仕事（芸）のためには内股のこすれや痛みもがまんする、もっとも前日のロケの引きまわしの緊張感は股のこすれによる痛みなど気にはしていられないものだったであろう。その芸のためのM派としての谷ナオミの度量を裏付けるエピソードをつぎにあげる。やはり『貴婦人縛り壷』のロケーションのときであった。

高木均が扮する大地主の屋敷として東京都下五日市の旧家の屋敷を借りて撮影中のことである。ストーリーは裸馬で引きまわしの後に、屋敷の広い庭に真新しい磔柱を二本立てた。密通していた妻と奉公人のふたりを磔刑に処するという設定である。なぜ若い奉公人と不義密通関係になったのか、そのへんの筋立てについてはシナリオどおりである。

ロケセットとして借りている旧家は古風な塀に囲まれ、広い庭の一画に孟宗竹の茂みを背景にできる、風情があり画になる屋敷だった。その庭の竹林を背景にして真新しい角材（じつはこの角材が太すぎるきらいがあった）でつくられた二本の磔柱が庭土を掘り、立てられていた。美術担当のスタッフによるロケセットである。

真新しい二本の磔柱と背景になっているみどりの竹林、これは画になると直感した。あれに谷ナオミを全裸で逆さ磔《はりつけ》にしてみたい、バックの孟宗竹のみどりと逆さに磔になる谷ナオミの白い裸身のコントラストを想像すると、おもわず生つばをごくんと呑みこみたくなるような画コンテが脳裏をかすめた。

よし、ナオミに当たってみよう、ＯＫするなら監督に逆さ磔を提言してみる——そう考えて磔シーンは昼食後にという予定だったので、製作進行スタッフが用意した幕の内弁当をひろげて昼食というときに、谷ナオミの耳もとで、そっとささやいた。

「あれに、逆さ磔になると、お客さんがよろこぶよ」

「逆さに？」

「そうだ、逆さ磔だ。谷ナオミの逆さ吊りはやっているけれど、逆さの磔は今までにやっていないだろう」

他のスタッフに気づかれぬようにささやく。

「大丈夫かな……」

谷ナオミの真剣な眼差しがこちらを見る。逆さに磔にされることの不安と、お客さんがよろこぶなら、それに挑戦してみよう、そういう胸のうちがその表情から読めた。そして彼女が言った。

「やってもいいわよ。そのかわり、あんたの腕に命をあずけることになるよ」

「わかった。監督に話してみる。OKがでればやるさ――」

と言ってから、ふとキャメラマンの森勝に、監督に話す前に耳打ちしてみた。

「逆さなら、ぐっと画になる」

キャメラマンは二本の磔柱を見つめながら弁当の箸を止めて言った。か？　と訊いた。OKしています、と答えてから最後に弁当をひろげている監督のもとへ、こちらも幕の内弁当を手にして、急に胸が高ぶってくるのをおさえながら足を運んだ。

ロケセット、豪農の旧家（空家）の手入れの行きとどいた広い庭の芝生の上で、折詰め弁当をひろげている小沼監督に逆さ磔刑の一件を話してみた。

「ナオミは、OKするかな？」

「じつは、さっき話してみたところ承知しています」

「……」

思案気な監督の表情を見守る。かたわらに助監督の加藤文彦たちもいた。

「逆さ磔では長時間は我慢できないだろう」

監督の長時間というのが、どれくらいの時間なのかはかりかねていると、

「磔にした状態で芝居をさせたいのだ。その芝居のために長時間、逆さに磔になっているのは無理ではないか」

というのが監督の意向だった。悪徳大地主は、若い妻が心をひらいてくれぬ嫉妬から、彼女の恋人であった青年を屋敷に招き、彼の眼の前で磔にしてなぶりものにする、それで胸のうちをはらす、という芝居のシーンである。二本ある磔柱のうち、もう一本は奉公人の若者を磔にすることになっていた。ふたりとも赤い越中褌姿である。

谷ナオミ、恋人の青年、そして大地主の三人のやりとりを責めの芝居として小沼監督流にねばっこく撮る、そのために長時間の逆さ磔では谷ナオミに肉体的な無理（苦痛）が生じて、監督の思いどおりの演出ができないだろう、ということだ。

青い竹やぶを背景にして檜材の真新しい磔柱に白い女体を逆さにする――これは、画としてはすごく映える。しかし監督が固執する芝居を撮るためには、それをおもい留まるしかなかった。

「逆さになるのはあたしなのに、なぜ……監督はＯＫしないのかな」

そんなふうに谷ナオミがつぶやいたのが印象的だった。

『団鬼六　貴婦人縛り壷』より　谷ナオミ、高橋明、滝沢淳

三十六　水びたしのセットで

逆さ礫がまぼろしに終わり一番がっかりしたのは、ファンをよろこばせるためならばと、初体験の逆さ礫に挑戦しようと覚悟を決めていた谷ナオミだったのではないか。

このファンをよろこばす、よろこんでもらえるならば、という谷ナオミのM的な心情のあらわれと見てとれるつぎのような撮影現場、暴風雨のなかで地主役の高木均が谷ナオミを裏庭の古木に荒縄で縛りつける非常にリアルなシーンがドラマのクライマックスとなった。

その前に内心S的な嫉妬にむらむらしている暴君のごとき夫のたくらみで、妻・浪路（谷ナオミ）の恋人だった青年が屋敷に招きよせられ、浪路と偽りの祝言を挙げるシーンが用意されていた。外は風雨の激しい嵐の夜である。

ふたりが仮の初夜を迎える。その床入りのシーンで、あっと観客の眼をひきつけ、偽りの花婿と花嫁には屈辱的な衝撃をもたらす手はないか、それもふたりが床入りしてから――と監督からアイデアを求められた。そして即座にその場の思いつきで提言したのが新妻（谷ナオミ）に貞操帯をつけることだった。

洋式の金属製や皮革製のものではなく、荒縄による貞操帯である。荒縄の貞操帯というのはこの映画（ドラマ）が昭和初期という時代背景からだ。もちろん荒縄の貞操帯などあるはずがない。これはイマジネーションである。

初夜の布団のなかに入ってから、ふたりの屈辱感をあおるもの、という監督の要望に応える上でつぎのように補足説明をした。

《床入りしたふたりが口づけをかわす。やがて花婿の愛撫の手が花嫁の胸から徐々に下腹部へとのびてゆく。そして彼女のそこが異様なもので防御されているのを愛撫していた手に感じる。薄明りの下で花嫁の顔を見つめる。花嫁は顔をそむけてふるえている。

とっさに花婿が布団をめくると――荒縄で無残にも決めこまれた貞操帯――新妻の股間があらわになる。これが嫉妬に狂った夫（大地主）の計らいだったかと、花婿はあまりの仕打ちに花嫁を殴りつけたくなる。花嫁も夫のたくらみを拒めぬまま恋人の眼に屈辱的な姿をさらして嗚咽する》

と説明つきでこのシーンを提案したのが監督のＯＫとなった。この場合、妻がかつての恋人を迎えて夫の意のままに荒縄の貞操帯をいとも簡単に、ということの条理はわきに置く。布団をめくったとたんに谷ナオミの股間が無残にも荒縄で――という映像のインパクトがすべてなのである。

広いカマボコ型のステージのなかの床はすべて土である。一九七〇年代の日活撮影所は第一ステージから第十三ステージまであった。そのステージのひとつに『貴婦人縛り壷』の大地主の屋敷、その離れと裏庭のセットが組まれており、裏庭の植込み、女を縛りつけるのにふさわしい太さの古木がセットされていた。

縛りつけるとき谷ナオミが激しく抵抗するはずだから、はりぼての幹ではだめである。それと人工的な風雨が激しく吹きつける。本物でなければ役に立たぬ。それをふまえてセット担当のスタッフたちが、どこで手に入れたか、みごとな古木をステージ内の庭園に植え込み、男たち数人がかりでも押し倒すことができぬように固めていた。その古木のまわりは風雨にあおられてもそれらしく見える植込み、背景に大地主の屋敷を囲む土塀という、ロマンポルノ映画としてはかなり豪華につくられたセットである。

この種の風雨のシーンの撮影は実際の暴風雨のなかでは不可能である。セットを組むことで、そのセットのなかでいかに本物の嵐の夜であるかを見せる、ドラマのクライマックス、そのシーンを撮るために深夜にもかかわらず多くのスタッフがかりだされていた。

嵐の夜をおもわせる照明、嵐をおもわせる風と雨——巨大な送風機（特撮用の大型扇風機）をモーターで回す。その風にあおられる雨は撮影所内の消火栓に直結したホースをセット内に引き込み、雨状の放水を送風機の風の勢いにのせる。

その風に飛ばされる雨の、造形的というか、美術的というか、そのリアリズムは凄い。見事である。そこが担当スタッフたちの裏方としての手腕の見せどころであろう。今日のCG（コンピュータ・グラフィック）で処理される映像づくりとは、ひとあじちがうところである。

この大がかりなプロフェッショナルな仕掛け、本物の風雨をおもわせるシーンの舞台づくりには、担当スタッフ（組付きスタッフ、この場合は小沼組）以外にも臨時にかりだされて、嵐の夜の風雨づくり、そのテストが繰り返された。

風雨のテストでステージ内の床、その土が水びたしになる。水びたしになったところを別のスタッフが風雨に打たれた庭園らしく、盛り土など持ちこんで手直しする。

そして、いよいよ嵐の夜のクライマックスである。

「激しい風雨のなかで、その古木に縛りつけるまでをワンカットで撮りたい、それが可能な、むつかしくない縛りを指導してやってよ」

という小沼監督の意向にそって、つぎのようなアクションを考えた。

イメージとしては、偽りの祝言、屈辱的な床入り（荒縄による貞操帯）を仕組んでもなお嫉妬に燃えている暴君のような大地主の夫（高木均）、その生贄にひとしい若妻を演じている谷ナオミが離れの雨戸に体当たりして外に飛びだす。それを追いかける夫は荒縄を手にしている。暴風雨のなかでふたりともずぶ濡れになり、ぬかるみに足をすべらせながら、つかまえたり、その手をすりぬけたりしているうちに巨漢の高木均が強引に谷ナオミを古木の幹に押しつける。雨水で濡れた縄で後ろ手に括る。その縄をしごきながら木のまわりをぐるぐる回り立ち姿で幹に縛りつける——という手順でアクションを決めた。

このテストを風雨ぬきで繰り返して木に縛りつけるアクションがかたまった。あとはセットの人工的な暴風雨のなかで、ＮＧなしで本番がどう決められるか、である。

キャメラの位置は放水の風雨をさけるためもあり谷ナオミが裏庭に飛び出してくる正面の、高い位置でやや俯瞰の構えである。監督は高台を重ねたキャメラの位置に立ち、出演者にアクションを指示する。

こうして嵐の夜のクライマックスとしての暴風雨の大仕掛けと出演者のアクション、それを活かすスタッフたちの熱気と緊張感をはらんだセットのなかで、すべて一体となる。これがまさしく映画づくりの醍醐味であり、寝食を忘れてしまう。

助監督の「本番、用意！」で、停止していた巨大な扇風機がうなりを立てて回転する。消火栓から引いたホースから放水が始まる。強風にあおられて庭木や離れの雨戸を叩く。風雨の音が高まるなかで出演者、スタッフ、全員にNGが許されぬ本番だ、という緊張がみなぎり息をのむ。

「本番！　スタート！」

監督が気合いをこめて腹から絞り出すゴーサイン。つづいて助監督が叩くカチンコの乾いた音。さらに緊張感が走る。

激しい雨と風が裏庭と雨戸に吹きつける、その空舞台《からぶたい》が数秒つづく。

雨戸に内側から体当たりして谷ナオミが着物姿で飛びだしてくる。荒縄を手にした地主役の高木均があとを追い飛びだしてくる。彼は新劇出身の役者としてはベテランだが、縛りがそつなくこなせるほど手先は器用ではない。NGを出さずに一発で決めてくれ、と、祈るような気持ちで彼のアクションを見守る。

放水のため水びたしのセット、その古木のまわりで足をすべらせ、がむしゃらに谷ナオミにつかみかかろうと奮闘する。容赦のない放水の風雨がふたりに吹きつける。その激しさのなかで、ふたりのアクションに異様なリアリティが見えた。

「キャメラに顔を向けろ！」と送風機や放水の騒音のなかで監督が怒鳴る。

頭からバケツで水を、というほどに放水を全身にあびて谷ナオミは悲鳴を上げながらキャメラに必死に顔を向けようと、庭の古木にしがみついている。その顔面に距離を置いてはいるが容赦なく風雨がスタッフの手で浴びせられる。谷ナオミはもう言葉にならぬ口唇にあえぎを見せる。さらに顔に吹きつける風と雨。もはやドラマではない。ドキュメンタリーである。横なぐりの放水責めで、黒髪も着物もびしょ濡れで古木にしがみついている谷ナオミの姿は凄惨なリアクションだった。

先のロケーションで孟宗竹のみどりを背景に逆さ磔、という画になる責めのシーンに代わるべきものが、この放水責めかな、と仕掛人のひとりとして、最初は内心ニンマリとその成りゆきを、キャメラの側に立ち防水用に配られたビニール合羽をまとい見守っているうち、谷ナオミのリアクションが完全に、横なぐりの放水に悲鳴を上げているのだとわかった。それが真に迫ってきて一瞬、鳥肌が立つような緊張感が走った。

それほどに放水責めにあえぐ谷ナオミのリアクションが衝撃的だった。それは放水をつづけている担当スタッフにもわかっているはず、その上で執拗なまでに風雨をあびせている。高木均の古木への縛りもNGを出すほどのミスは眼につかず、すべてが激しい風雨によってクライマックスへと向かった。

妻の心をつかみ取れない嫉妬に燃え上がっている暴君のような夫は、その妻を裏庭の古木に縛りつけると両手をひろげ、風雨を浴びながら狂ったように哄笑する。

そこへ突如、奉公人の若者が鎌を手にして現れる。背後から主を突き飛ばす。主はぬかるみに四つん這いになる。

そのすきに木に縛りつけられている女の荒縄を鎌で切る。手を取って屋敷から飛びだす。

ぬかるみから身を起した地主が大声でわめきながら、あとを追う。

主役たちがフレームアウトして再び空舞台となった裏庭、風雨が止み、嵐のなかの葛藤のドラマが嘘のような静けさを取りもどす。

ケッケケケ……突然、深夜の静寂のなか、極めて明るく笑い声を立てながら、臨月のおなかを抱えて木の下に現れた娘――臀部が丸出しになるほど両手で裾を背中にまくり上げて、嵐のあとの夜空を仰ぎ、狂女のごとくケッケケケ……と笑いつづける。これがドラマのニンフともいうべき田島はるか、だった。

むかしむかし、村の娘が身につけていたであろう木綿の着物、背中までまくり上げた裾からのぞく白い尻! なんと形の良い尻だ! 赤ん坊のままの形をとどめている白い尻! 純真無垢なるが故に狂女のごとく臨月のおなかを抱えて白い尻を見せて笑っているのか!

田島はるかは、このクライマックスの最後のワンカットのために朝からセット入りしていた。だれの子かわからぬ種を孕んだ臨月の扮装で、ずっとセットの片隅で出番を待ちつづけていた。まるで忘れられていた主役のように突然、躍り出た。

水びたしのセットの地面をぴちゃぴちゃ裸足で音を立てながら、嵐の止んだ夜空を仰ぎ、最後に躍り出たヒロインは、ケッケケケ……と乾いた声で笑いつづけていた。

この嵐の夜のあとは、先に述べた「ラストシーンがドラマを決める」の、妻の着物をひろげて夫が嗚咽するシーンにつながる。それは台本には書かれていない差し込みであった。

三十七　ＳＭってなんやね？

映画『貴婦人縛り壷』は一九七七年（昭和五十二）十月に撮影され、同年十二月に封切されている。当時、他のロマンポルノ作品に比べてＳＭものの作品が観客動員数でリードしており、勢いづいていた。

翌一九七八年一月上旬だった。西サンこと西村昭五郎監督がＳＭものを撮るということで、プロデューサー結城良煕から、監督、シナリオライターが話を聞きたいと言っている、という連絡があった。

最寄りの水道橋駅まできてもらった。その近くの出版社でやとわれ編集長のような形で『サン・アンド・ムーン』というＳＭ誌の編集にたずさわっていたので、事前の問い合わせで近くまできてもらった。西村監督、脚本家の桂千穂とは初対面である。

このとき西村監督は「ＳＭってよう分からん、一体なんやね」と言った。そして話のポイントは

『花と蛇』以来、谷ナオミの主演作は『貴婦人縛り壷』でちょうど十一作になる、ここらでタイトルのあたまに団鬼六を使うにしても、借金のかたとして責められるとか、突然に拉致されてきていやいやわるのえじきになる、という類のパターンからストーリー的に少し変えてみたい、ついては台本に取りかかる上で話を聞きたい、ということだった。

その主旨には同感だった。いろいろ案はあったが、それまで谷ナオミが観客へアピールしているイメージは、○○夫人というキャラクターである。もう令嬢風とか娘役という年齢でもない。そこでつぎのような案を述べた。

——彼女を妻として愛している夫がいる。その夫が愛のあかし、その変形として愛する妻をマゾ（M女）に変身（変心）させてみたいというプロセスのようなものを筋立てにしてみてはどうか。これならば今まで主役を張った作品に比べて少しは趣きも変わってくるだろう。

「それは、おもしろいかもな」

と西サンは同意した。

西村昭五郎は関西出身、京都大学でフランス文学を専攻し、桑原武夫の授業を受けたと聞いた。桑原武夫は日本の伝統的な俳句について、第二芸術論を唱えて一九五〇年前後に話題をまいた仏文学者である。彼の『文学入門』（岩波新書）を高校時代におもしろく読んだ記憶がある。

西村監督の出身高校では、あの西村が合格するくらいだからと、後輩たちが京大をめざしたけれど皆不合格だったとか。それについて「おれは欠員があったから入学できたのであり、入学試験にパスしたわけではない、ただ運がよかっただけだ」と言っていた。そして、仏文のゼミに出るか、それとも遊郭へ行くかと学友との話で、今日は大学よりも遊郭のゼミにしようと花街に出入りしたという、良き時代の遊び場を学習している数少ないロマンポルノの監督である。そして、日活撮影所の助監督として入社できたのも従兄弟で映画監督の吉村公三郎の紹介、これも運がよかったのだと言っていた。

監督デビューは一九六三年（昭和三十八）の『競輪上人行状記』（原作・寺内大吉）である。競輪狂の住職が寺を失い、競輪場の予想屋にまでなりさがるという破戒僧のはなしである。デビュー後、西サンには撮影所との間で必ずしも運がよくなく、俗にほされることもあったようだが、エロス大作『肉体の門』（原作・田村泰次郎）や『肉体の悪魔』（原作・レイモン・ラディゲ）のほか、ロマンポルノ第一作として先鞭をつけた白川和子主演の『団地妻・昼下りの情事』（一九七一年）は見逃せない。

今日の若い監督のなかに西サンのような遊びと、そして女と男の仲をさりげなく突き放して映画が撮れる、そういう監督はいないのではないか。

白川和子とは日活での仕事はなかったが、鬼プロで写真集『花と蛇』をテーマに何本か撮っていた。わたしはゴボウよ、色が黒くて細くて――と冗談を言っていたけれど、ピンク劇団を主宰していて芝居はできたし、人柄はきわめて良かった。篠山紀信『緊縛大全』でも、彼女のキャラクターが活かされていたとおもう。

この西サンとの最初の話し合いのとき、女優についても話題になった。主役の谷ナオミ以外の女優である。男たちもそうだったが、女性の出演者の多くがＳＭものと言えば敬遠した。そのためキャスティングがうまく組めない。そこにプロデューサーたちの悩みがあったようだ。

「田島はるか、いいですよ」

『貴婦人縛り壷』で頭の弱い村娘を好演した記憶がまだ新しい。そしてグラマラスで大柄な女優さんもいいけれど、小振りの女が魅力的ですよ、と嗜好のほどを率直に述べた。この提案が功を奏したのかどうか、西村昭五郎監督のＳＭ第一回作品『黒薔薇夫人』（一九七八年四月封切）には田島はるか、結城マミが花を添えている。結城マミも小柄だがキュートなキャラクターの持ち主だった。

台本の決定稿ができ、キャスティングが決まるまでに紆余曲折があった。それは後述するとして、わがマドンナ田島はるか――について記してみる。

三十八　ラーメンと五百円札

『黒薔薇夫人』の撮影がセットに入ってから何日めかである。夜十一時をすぎると夜食が出たり、自宅送りのタクシーを撮影所から出してくれるが、その日は夜八時で予定のスケジュールが終わった。その時間帯では調布駅までの送りである。

今日のように日活撮影所がマンションの団地で分割される以前の広い敷地、その撮影所の正面玄関で構内に入ってくるタクシーを年輩の役者と三人で待っているときだった。

「あの、五百円貸していただけませんか？」

田島はるかが言った。別に卑屈な言い方ではない。一九七八年（昭和五十三）当時と今日の五百円とでは多少のちがいがあるにしても（まだ五百円硬貨はなく五百円札だった）大金ではない。むしろ千円二千円を貸してほしいというのなら理解できる。五百円をという額を解しかねたが、いいよ、と軽く答え、その場では渡さずに、

「腹がへったな、ラーメンでも食ってかえろうか」

と、急に二月の寒さと空腹を覚えて誘うように言うと、

「ラーメン、いいですね」

田島はるかは素直に答えた。

調布駅まで三人でタクシーに乗り合わせ、彼女と上りの電車に乗った。

京王線の新宿行きの電車を明大前で降りた。

田島はるかはそこで井の頭線（渋谷—吉祥寺）に乗り換えて吉祥寺へ帰るということだった。駅の売店で千円札でタバコを買い、釣り銭から五百円札を渡すことにした。

改札を出てラーメン屋に入るまでの路上で、これでいいの？　と確かめると、ありがとうございます、と田島はるかは言った。好意を寄せている若い女性から五百円貸してほしい、と言われれば、もしこれを役立ててよ、と千円札の二枚や三枚、差し出すのが男たちの見栄ではないか。しかし、もしそうしたとしても、五百円だけでいいです、と言われるのではないか、そんな気がした。それを裏

付けるように、ラーメン屋に入るまでの路上で、つぎの言葉を耳にした。

「わたしたち、四人で共同生活しているのです。きょうはわたしが五百円を都合する番でした」

この田島はるかの言葉に注釈を加えると、共同生活で経済的ピンチが生じると、そのつど交代で五百円ぐらい都合してくる、そういう申し合わせが四人の仲間うちにあるということだ。どういう四人組なのか、メンバー構成に興味を覚えたが、そこでプライベートなことに立ち入ることは控えた。以前に、小沼監督から耳にしていたことではあるが、異性をふくむ四人組ではないかと想像しながらも、彼女に接していて感じる人柄から推察すると、ストイックな共同生活であるように感じた。


映画の撮影現場では、裏方とか役者とかにかかわらず、ひとつの映画づくりの仕事に共同で集中する精神的な緊張感と肉体的な（ほとんどが立ち通しの）疲労感から、ふっと解放されたときに空腹を覚える。その夜は夕食後四時間ぐらいだったが、ふたりとも空腹だった。

ラーメン屋のカウンターに腰かけると、田島はるかは頬を火照らせていた。そしてラーメン大好きです、という言葉を裏付けるように、麺はもちろん具やスープさえもほとんど飲み干していた。その丼を覗きながら、田島はるかは多弁ではない、むしろ無口に見えるが、自分をきわめて素直に、ストレートに言葉に託しているな、と心を動かされた。

「こんどの撮影での体験談のようなものを原稿用紙に、感じたままを書いてくれないか」

ラーメンの満足感を得ながら話した。

「マイナーな同好誌の編集にたずさわっていてね、田島さんの体験記をぜひ誌上に紹介したい」

と説得した。感じたままでよければ書いてみます、とOKしてくれる田島はるかにありがとうと頭を下げていた。

西村昭五郎監督のSM作品第一作『黒薔薇夫人』における田島はるかの役は、社長夫人（谷ナオミ）にM化（マゾヒズムの開眼）の調教をするS役であり、コンビを組む若い調教師は彼女と恋人関係にある。ドラマの展開のなかで実験的に逆さ吊りを自ら体験する。撮影での体験記とは、田島はるか自身の逆さ吊りである。その初体験を読んでみたい、という強い欲求、関心から原稿として書いてほしいと依頼したのである。

ラーメン屋を出て、ふとつぎのことを彼女に告げたい衝動にかられた。

「田島さんの相手役（若い調教師）は、監督の希望で最初ボクに話があったのだよ」

三十九　俎板の鯉になるMの魅惑

シナリオライター（脚本家）のことを撮影所では「本や」と呼ぶ。彼がシナリオの第一稿を書き上げると監督、プロデューサー、企画担当、チーフ助監督らが集まり、綴じていない生原稿を何枚ずつかに分けて回し読みする。もちろん「本や」も同席する。

おもしろい映画をつくるにはどうするか、それぞれの思い入れのもとに生原稿を読み、検討する。そして手直しするためのシーンなどその場で話しあう。

こうして第一稿に「本や」が手を加えたものが《準備稿》としてタイプ活字で印刷され製本となる。つぎは「本読み」である。本読みとは調布の撮影所か、または六本木の本社会議室で担当重役をまじえて台本の検討である。このとき《準備稿》が叩き台となる。ここで重役たちからも当然、注文や要望が出る。この本読みを経て、さらに「本や」の加筆や削除があって《決定稿》として企画された映画の台本が完成する。

裏方のひとりとして参画した日活撮影所の台本づくりの手順だけを記せば以上のようなことになる。ちなみに後述するように浦戸宏の最初のシナリオは西村昭五郎監督の『縄化粧』（一九七八年十二月封切）であった。

「映画は台本さえしっかりできていれば、監督がこまかいことを言わずとも、スタッフが映画をつくりますよ。台本の出来が第一です」

と、初めて日活撮影所に呼ばれて撮影現場に参加したとき、小沼勝監督『花と蛇』のキャメラマン（撮影技師・撮影監督とも呼ばれる）安藤庄平から耳にした言葉である。

その映画づくりの場において重要な台本のできあがりが「本や」の都合で遅れるのが当り前となり、そのあおりでプログラムピクチャーとして企業化している日活ロマンポルノの製作上のスケジュールに影響し、無理が生じる。そのぼやきをプロデューサーたちから耳にした。また折角の決定稿を撮影現場において、やたらと独断と偏見による差し込みを入れ、台本の原形を形なしにしないと気がすまない、そんな監督もいた。

プロデューサーの結城良熙から西サンの『黒薔薇夫人』に出演してみる気はないか、と電話で打診されたのは、準備稿が手渡されるころだった。主役・谷ナオミ以外のキャスティングはいつも準備稿ができてからのようだった。

「出てもいいですよ」と軽い気持ちで応じた。

その後、プロデューサーから準備稿を手渡されたのは新宿の喫茶店である。

「西サンの意向だよ、ぜひ出てほしいと言っている」

と妙な笑みを浮かべ、冷やかしではない、監督が本気で考えているのだ、と、台本の登場人物のページを示し、この調教師の役だと言うのである。

「調教師のアシスタント役に田島はるかを交渉中だ、多分OKだとおもう」

とプロデューサーは付言した。

コーヒーを口にするのを忘れ、台本をめくると調教師役の出番がいくつも眼につく。ちょい役どころではない。これは大変なことになるぞ、と事の重大さに初めて気づいた。

「大役じゃないですか」

と台本から眼を上げると、白い歯をのぞかせる独特の笑みを彼は口もとにたやさない。

「監督は是が非でも口説き落とせと言っている。電話では出てもいいとのことだったから期待をかけられているよ」

と、やんわり詰めてくる。もともと結城良熙は日活撮影所では小原宏裕、小沼勝、田中登といった監督らと同期入社のユニークな四人組である。日活ロマンポルノ映画以前の撮影所で助監督としての下積みがあり、なかなかの腕利きである。結城は自らプロデューサーに転じたが、いずれ一、二を争う仕事師になるよ、とは小沼勝の結城評である。彼と接する機会を重ねるたびに、その実感をひしひしと感じていた。

そういうプロデューサーだから「出る」と口にしたからには「イヤ」とは言わせぬぞ、というような意味シンな笑みで迫られる。しかもアシスタント役に田島はるかを交渉中だよ、というのも妙に気になる。

「準備稿を読んでもらって、二、三日中に会うことにしよう」

相手に「ノー」を言う隙を与えず、しかも口もとから笑みをたやさず立ち上がる。

その夜、手渡された台本の準備稿を丹念に読みかえした。主役の谷ナオミとからみのシーンまである大役では、とても手に負えない——と躊躇する反面、開き直って出演をＯＫする、俎板の鯉になるようなＭ（マゾ）的な魅惑にもかられた。

俎板の鯉になるようなＭの魅惑とは、それまで撮影所で裏方として接してきた仲間たちの眼に、役者としてはど素人の身体を丸出しにしてしまうことから生ずるマゾヒズムである。Ｍ派には肉体的な苦痛を甘受するマゾヒズムもあれば、精神的な屈辱や羞恥を甘受するマゾヒズムもある。俎板の鯉になるＭとは後者のそれである。

若妻（谷ナオミ）をMとしてトレーニングしてほしい、という老社長の依頼をうけて肉体的、精神的に少しずついたぶりを加えて、そのトレーニングの繰り返しでM女として開花させる。その調教師役だけではない。気が重くなるのはスタッフたちが好奇の眼で見守るであろうセットで谷ナオミとの強引なからみである。このからみさえなければ、そこを台本からカットしてもらって出演するというのは許されないか、と勝手なことを考えた。しかしその種の強引な濡れ場も売り物のひとつであるし、台本にそって監督の指示どおりに出演するのがキャストの条件であろう。

いまひとつは、アフレコについてである。日活ロマンポルノ作品の撮影は、そのほとんどがシンクロ（同時録音）撮影ではない。クランクアップ（撮影後）の粗《あら》編集したフィルム（ニューラッシュ）を録音室で映写して出演者のセリフやリアクションとしての呻きやよがり声などを収録するシステム、アフレコ（アフター・レコーディング）作業である。

そのさい、スクリーンの映像の動き（アクション）に合わせてセリフをドラマチックに喋る。まったくの未経験者ではセリフに感情をこめる以前に発声のタイミングがつかめない。そのタイミングがむつかしい。監督からのNGばかりではなく録音技師からも忠告されるし、他の出演者たちにも面倒をかけることになる。ひどい場合にはアフレコを別の人がやる場合もある。かつて小沼監督のすすめでアフレコの現場をなんどか覗いていた。役者にとって、アフレコは撮影中の芝居以上にむつかしくてドラマを構成する上で大切だな、と痛感した。

西村監督の是が非でもという要望によるとはいえ、出演を受諾するからには、それなりの覚悟と努力とが要求される。それができなければ、受諾する資格なし、である。

映画界のみならず、世上では、日活ロマンポルノはと白い眼で見られているが、現場のスタッフや出演者たちには生活がかかっている仕事だ。生半可では受諾できないし、出るからには組板の鯉になるしかないな、とおもいながらも、これもひとつのあそびだ、と突き放してみる気持ちにもなった。そして腹を決める上で脳裏をかすめたのは、田島はるかをアシスタント役として交渉中である、というプロデューサーの話である。

さて、なぜ西村監督が役者としては素人の浦戸を出演させようとしたのか、それはつぎのようなことだったらしい。台本づくりで最初にシナリオライターと共に会ったとき、

「SMってようわからん、一体なんやね」

と率直な問いを発した。それについて、スポーツするのと同じですよ。たとえば縛ったり縛られたりしているうちに、一汗《ひとあせ》かく、その一汗かくことの肉体的な快感、解放感みたいなものがSM、つまりSとMのプレイにはあるとおもいますね――と答えたような気がする。これは実体験からの持論でもある。

これが西サンにはユニークなSM説として耳に残ったらしい。そこでSMロマンポルノ第一作『黒薔薇夫人』に役者としてはど素人の方がおもろい、あいつを引っぱりだして映画づくりにひとつ味付けしてみたろか――というのが監督としてのキャスティングの一案だったようだ。

そんな監督の思惑など知るよしもない。清水の舞台から飛び降りるような覚悟で、ええわい、笑いもんになったれ――と、だれに相談することもなく腹を決めた。ただし、独立プロの監督やプロ

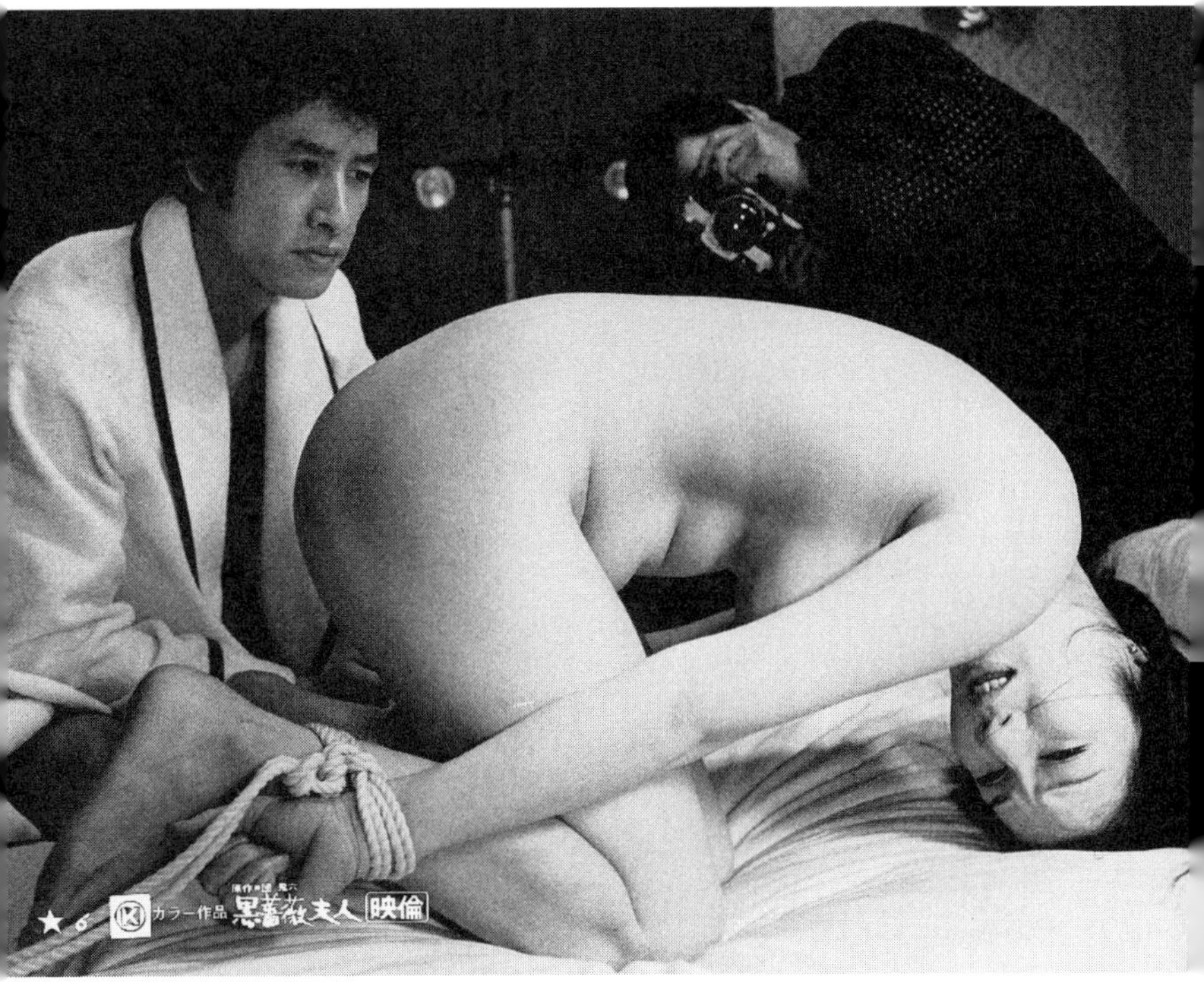

『原作・団鬼六　黒薔薇夫人』より　志賀圭二郎、谷ナオミ、古川哲唱

デューサーの自主製作の映画ではない。天下の日活映画であるから、裸になり俎板の鯉となる、その屈辱と羞恥心に耐える我慢料として自分を納得させるものがほしい。その額は従来の裏方としての担当料とそれにプラスしたもの（決して桁はずれの額ではない）がほしいよ、と意を決してプロデューサーに電話したのである。

四十　黒革のスカートにブーツ

映画をつくる上で、有能なプロデューサーというものは監督以上に製作面で力を持ち、その能力を発揮するといわれる。とりわけ欧米など外国ではプロデューサーの働きが高く評価されているようだ。その点、日本の映画界は古くからスター中心である。一般の観客にはプロデューサーの存在などほとんど眼中にはない。監督についても二、三の例を除けばスターの陰に隠れてしまう。

日活ロマンポルノ時代の結城良熙プロデューサーは先にもふれたように仕事人だった。後に日活からはなれてフリーとなり、同僚だったプロデューサーたちとＮＣＰ（ニュー・センチュリー・プロデューサーズ）を結成して、伊丹十三監督の『お葬式』『タンポポ』そして『マルサの女』など話題作を手掛けるグループのひとりだ。

その結城プロデューサーから、残念ながら今回は――という知らせがあったのは、清水の舞台から飛び降りる、そんな思いで『黒薔薇夫人』への出演を伝えてから何日か過ぎた後であった。残念ながら――という意味は、希望のギャラに添えない、ということだった。しかしギャラの額を妥協してくれないか、とは口にしなかった。彼はプロデューサーの役割として監督が希望しているキャスティングに応えるべく浦戸宏の出演ギャラについて会社側、経理担当者と交渉を重ねたようであるが、SMものは他のポルノ作品に比べて製作費がふくらむので、出演料はあくまで予算内で、との会社のソロバンは変えられず、残念ながら今回は――ということに相成ったようだ。ちなみに当時の日活ロマンポルノの男優の出演料は一本五万円ぐらいだと耳にしていた。きわめて安い出演料である。

内心、ほっとした。これがプロデューサーの回答を聞いたときの正直な気持ちだった。そしてほっとする反面、なぜか残念だな、という思いも正直なところあった。前述の調教師のアシスタント役に田島はるかの了解を得て決定したことも聞いた。調教師とアシスタントのふたりは恋人の仲だったが、ラブシーンはなくつぎのような衝撃的なシーンが台本にあった。

SMプレイの自主的なトレーニングの意味から自宅の調教ルームで、仲間のもうひとりを加えて、アシスタントを天井から逆さ吊りにする。そのさい滑車を利用して逆さ吊りにしているロープが突然解けて、固い床に頭から落下して即死――という設定になっていた。

じつはこの件については、一歩あやまれば人命にかかわる、そんなヘマをプロの調教師がやるわけがない、と台本にクレームをつけたが、シナリオライターや監督から、これは映画のお話、つくりごとだから、まあ、まあと言われれば、それ以上のこだわりは不要となる。

『団鬼六　黒薔薇夫人』より　田島はるか、谷ナオミ

固いコンクリート並の床に頭から落下して即死——こういう突然の事故で恋人を死なせたとき、人はどう、その気持ちやショックを表現するだろうか、と考えた。抱きしめる、そうするしかあるまい、と素人なりに芝居づくりを考えていた。そこでホロッとさせる、それが抱きしめているアクションのなかで見せられれば、などと考えていた。

このSMの調教師はアシスタントの恋人を失ってから酒にひたり、ついには調教ルームで石油ストーブにつまずいて火だるまとなり焼死する。そういう役だった。この火だるまのシーンはスタントマンを使って撮影された。

こういう調教師の役だから、芝居としての見せどころがある。もし役者志望の人間だったら、ギャラに関係なく出演したであろう。また監督やプロデューサーの自主製作の映画だったなら、ギャラにこだわらなかった、とおもう。この点、重複するような言い方になるが、ロマンポルノを売り物にしている天下の日活映画である。なかんずくSMものの作品は興行収入も良かったプログラムピクチャーであったから、ど素人が、しかも撮影現場のスタッフが、出演者と裏方を同時に二役をうけあうには、それなりのプライドというか、自身を納得させるギャラという形でのこだわりが必要だった。この点についてプロデューサーは理解をしていて、ギャラの額についての妥協を求めず、今回は残念ながら——と回答したのだとおもう。

以上のようなキャスティングについての舞台裏があって、西サンの第一回SM作品『黒薔薇夫人』はクランクインする。

初日、二日、三日と一見淡々とした演出ぶりが熱をおびてくる。説明的なセリフや書き込みの多い箇所についてはカットしましょうや、セリフが少なくて何をしているのかわからない、そのほうが、映画としてはおもしろい——と長年のキャリアで、バッサリと切り捨てる。

田島はるかのS役も、黒革のミニスカートにブーツ姿が想像以上にぴったりだった。そして、ふと彼女にもらしてみたい衝動にかられた言葉——あなたの相手役、最初はボクに話があったんだよ——は、ついに口には出さなかった。

四十一　仕事ということでへんな体験・逆さ吊り

国鉄（現JR）水道橋駅の東口に出て白山通りを神保町の交差点に向かう左側に、日本大学経済学部の校舎があった。改札を出て五分もかからない距離である。

田島はるかは校舎の壁に背中をぴったりつけて立っていた。離れた所から眺めると遊び仲間の友だちを待っている少女のようだった。視線を前方に向けたまま、好奇の眼差しで前を往来する連中とは別世界に住んでいるような――両手を後ろにして校舎の壁に凭《もた》れている、その姿が非常に印象的で、視線のなかに焼きついた。早春の午後二時すぎだった。

西村昭五郎監督『黒薔薇夫人』がクランクアップしてから一週間ほどすぎていた。原稿ができましたのでお届けしたいのですが――とバイト先の出版社に電話があった。水道橋の方へくるというので、改札を出てから歩く目安として日大経済学部の校舎の角を、と伝えていた。

予定の時刻よりも早く着いていたらしく、校舎の角を曲がったすぐのところで壁に凭れて時をすごしていたようだ。ジーンズのミニスカートに黒い丸首の厚手のセーター、靴はスニーカーだった。小柄で長めの黒い髪を無造作に両肩にたらしており、とてもロマンポルノ映画に出演している女優とは、世間の常識では想像できぬ、初めてやってきた街角で、迎えがくるのを待っている少女という風情だった。

近くのグリーンホテルの喫茶店へ案内すると、すぐに紙袋から原稿を取りだした。二百字詰めで十枚ほどの『仕事と言うことでへんな体験させられた、その感想と勝手な推測』というタイトルで逆さ吊り初体験をていねいに鉛筆で書いていた。そのときの撮影はセットでつぎのような手順だった。

――調教師とその助手のふたり掛かりで床に仰向きになっている田島はるかの両足首を、それぞれ豆絞りの手ぬぐいで巻き、カバーする。そして両足首をひとつに括る。その足首を括ったロープを滑車を使って逆さ吊りにする。

徐々にロープを引き上げ、逆さ吊りになった田島はるかの頭の位置、たれた長い黒髪が男たちの手が届かぬ、仰ぎ見る高さに固定する。両瞼を閉じて田島はるかはしずかに両手を背へ回す。

そのときキャメラはフルショットで逆さ吊りの全景を入れ、空中で白いパンティひとつ、長い黒髪の小柄な女体がロープの捩《よじ》れに応じてゆっくり回転する。

仕掛けなしの逆さ吊りに挑戦している可憐な女優の緊張感、胸の鼓動が、こちらの心臓に伝わってくる。感動的な一幅の画――。これがワイドスコープであるために高低、つまり逆さ吊りの高さが映像になりにくい。かつてのスタンダード判のキャメラであれば、こういう高低を必要とする映像の場合には効果的である、とシネスコ（シネマスコープ）の映像を見るたびに痛感する。

ロープの捩れがなくなり、静かに回転していた女体――田島はるかが静止する。そこで、ひと呼吸おいて、件のロープが解けて頭から床に落下、というアクションであった。

田島はるかの原稿は次のようなものだった。

「もっとしっかり巻いて下さい」

『団鬼六　黒薔薇夫人』より　田島はるか

足首の保護のため、浦戸さんと助監督に片足ずつ豆しぼりを巻いてもらっているのですが、ちがうんですね、二人の豆しぼりの巻きつけ具合が、浦戸さんのはぴったりとすいつくようで、ゆるくもなく、きつくもないのです。

助監督のは、きつくないようにと思ってか、たよりなげにゆるく、この上にロープをまき、つられて、そこに体重がかかった時、かなりきつくなるのではないだろうか、と不安を感じたので、遠慮しないでしっかり巻いて下さい、と云ったのです。専門家の浦戸さんを信頼する気になったのはこの二人のちがいを感じたからです。わたしは吊されるつらさよりも、いつもは体重をささえている足首が、逆に体重にひっぱられながら滑車で吊りあげられていくことが気になっていたのです。

変な具合になったら、足首をこわすのではないか、足首は股関節と関連していて、股関節がくるうと、耳や性《〔ママ〕》殖器などに影響があったりするので、こわかったわけです。（こわすというと大げさに思えるでしょうけれど、ちょっとしたねじれやショックが、その時の体の状態によっては、体をこわすことになるんです。手首のくるいが子宮のトラブルをひき起こしたりするのですから）それが豆しぼりの巻きつけ具合、力の入り加減が安定している感じに、ほっとして緊張がとけたわけです。

だから実際に吊られたり、吊されたりされる人は――信頼できない人とは組まないんじゃないか、と思ったのです。そうすると、いじめる、いじめられる、という以前に相互の信頼関係で成り立つのかもしれない。この人間ならまかせられる、この人間なら、（自分に）答えてくれる、という信頼。勝手な推測ですが。

（中略）

その吊られてる状態の自分の顔を後で（ラッシュを）みて、その形相にちょっとびっくりしました。つらいのをグッとこらえてるようで、かなり大変そうなんです。顔が充血しているからかしら。わたしはそんな、人が見るほどにはつらくないのですが（まァ一回が長い時で二分くらいだったからかもしれません）。

おもしろかったのは、ロープをほどいてからでした。何かが変なのです。頭がウワーンとしているのはわかるけれど、奇妙なんです。景色が、人の動きが……どうやら時間がたつのがとてもゆっくりなのです。吊られている時、時間は短かく感じられたのですが、この時はなんだか45回転のレコードを33回転にしたような感じなんです。

時間のたちかたが、わたしの時間が、微妙にずれたようでした。これは逆さまだった状態からもどったためなのか、足首をひっぱったからか、ロープでしばったためか、宙づりのためなのか、異次元の入り口はわからないけれどこの状態は翌日まで続いたんです。

これは遠くインドの地にヨガの境地を求め、憧れを持つ少女のようにナイーブな感性とイマジネーションだろう。

この原稿の謝礼として掲載予定の月刊誌『サン・アンド・ムーン』（一九七八年四月号）の発行元・紘映社のオーナーである林宗宏が快く用意してくれた社名入りの封筒を田島はるかの前に置くと「今回はけっこうです、このつぎはいただきますけれど」と、受けとらなかった。そして彼女は言った。

「SMって、映画に出るまではもっといやらしい、陰湿な世界だとおもっていたけれど、意外でした」

そしてさらに——人生のないポルノなんて、愛のないセックスだとおもいませんか——と問いかけるように言うのだった。

四十二　田島はるか斬殺

さて、以下は『黒薔薇夫人』の後日譚である。

レイモン・マルロー原作『春の自殺者』を日活で『エロチックな関係』という題名で映画化（一九七八年七月封切）したときのこと。監督は長谷部安春、主演は内田裕也である。これに西サン（西村昭五郎監督）がワルの役で特別出演してスタッフの間では好評だった。

この撮影でも呼ばれた。そのときのことだ。田島はるかと日野繭子がヌードで血祭りの生贄となる役で出演していた。ふたりは似たような小振りの体型だった。それぞれ両手首をひとつに括られて吊り責めになる。そしてムチ打たれ、あげくナイフで傷つけられて殺害されるという、一九六〇年代に眼にしたイタリア映画の残虐ものを連想させるようなシーンだった。

「あたし、懸垂さえもダメなの……」

セットの天井から垂れ下がっているロープで両手首をひとつに括られる――という撮影を前にして、田島はるかは一瞬、悲しげな眼差しでつぶやいた。

「両手首を括られて吊られるのは両足首を括られて逆さ吊りになるよりも肉体的には辛いことだよね」

と、『黒薔薇夫人』で逆さ吊りを体験済みの彼女に同情を示したが、ここは台本どおりのシーンである。監督がイメージしているであろう画コンテに勝手なくちばしをいれることは控えねばならない。ならばどうするか――こういう場合、体重がすべてひとつに括られている細い手首にかかってくる。それに耐えるのは両足首をひとつに括られて逆さ吊りになる場合よりも、はるかにきつい。手首が足首よりも細い、ということ。同じ体重を持ちこたえるには細い方がきつい（弱い）という物理的、肉体的な構造から想像できる。

では、両手首をひとつに括らず、両手を左右にひろげた形で括ればどうか、という考えもあろうが、アクションをともなう吊り責めにおいては、手首にかかる重力（体重）の負担が左右どちらかに片寄るとあぶない。手首が骨折や脱臼する危険がある。それが怖い。

そこで両手首をひとつにして括る。その場合に、括られている両手の指を組み合わせ、吊り上げるロープをつかめるようにして括る。そうすれば、手首に加わる重力をやわらげることができるのではないか、と考えた。

「あたし、懸垂さえもダメなの……」

と言う田島はるかは、いよいよという場にさしかかると、静かに瞼を閉じて気持ちを鎮めようとしていた。その悲しげな横顔を眼に入れながら、そっと告げた。

「だめだ！　我慢できない、そのときは思いきり悲鳴を上げるんだよ」

緊張のなかで、うなずいた。危険信号を発する、それを暗示することで気持ちに余裕を持たせたい。日野繭子にも告げた。

「ダメだ！　というときは大声で叫びな、いいね」

日野繭子も眼を閉じていた。こういう役柄は初めての体験であり、不安と緊張感からだろう、少しふるえているようだった。

実際に両手首を括ってテストもなしに吊り上げると、彼女たちの手首にかかる体重の負担（痛み）がわからない。そこで演技だけではなく気持ちのテストが必要である。踏み台を用意してその上にふたりを立たせる。準備運動で緊張感をほぐすようなものだ。両手を一杯に頭上で伸ばし、爪先立つポーズで吊り上げたロープを固定する。ぶら下がっても余計に伸びないようにロープを固定する。

さらに踏み台の上で下肢（両脚）をちぢめ、ぶら下がるようにして両手首を括っているロープに体重をかけてもらう。手首に痛みはないかのテストである。そのとき自由のきく両手の指で吊り上げるロープをつかむこと、それを言いきかせる。

なお、両手首をひとつに括る吊り責めのポーズとしては、両足首もひとつに括っておくのがさまになる場合もある。それはわかっていたけれど、素人眼にはムチ打たれるときに女優の両足がぴんぴん跳ねるようなリアクションの方が効果的な映像として眼に映るだろう。気をつけなくてはならないのは、撮影本番中に、手首や細腕に骨折、脱臼などのアクシデントがあってはならないが、もしそれが生じたときだれが気づくか。責め手のムチ打つアクションのみに眼が向いていて、ムチ打たれている女優ふたりのリアクションが演技なのか、それとも現実に肉体に生じたアクシデントによるものであるか、だれもすぐには気がつかないだろう。

監督やキャメラマンは出演者たちのアクションをすべて演技として本番に対処しており、持ち場に徹した仕事のプロとして臨んでいる。アクシデントは想定外であろう。そこで、いざというときのせめてもの危険防止は、女優たち自身の身の動きのために両足は自由にして、彼女らの正真正銘の吊り責め、ムチ打ちというリアリズムのなかで少しでもアクションを楽に、そしていざというときのアクシデントへの配慮——という点から両足首は括らなかった。

いよいよ、生贄の女優ふたりの踏み台が助監督の手で取りのぞかれる。田島はるか、日野繭子のキュートな白い肉体が床から二十センチほど、爪先が宙に浮く。両手首をひとつに括られた宙吊りである。そこで本番！　という緊張感がはしる。

ひとむかし前のイタリアの残酷映画を連想させるようなシーンの長回しがつづく間中、じつのところハラハラしどおしであった。ムチ打たれ実際に悲鳴を上げている女優ふたりの手首は大丈夫か、注意したとおりに括られた両手の指で吊られているロープをしっかりつかんでいるか、それをじっと見守るしかなかった。

四十三　監督いろいろ

かつて「慶應ボーイ」という愛称をしばしば耳にすることがあった。それは親しみか、尊敬か、あるいは羨望か判然としないけれど、慶應義塾大学の学生をさしていた。ほとんどの大学が角帽だったが、慶應の学生は小学生のような学生帽だった。年長の従兄が慶應の法学部に入学して帰省したとき、角帽ではなく小学生のような帽子をかむっていたのが、なんともおかしかった。万年筆のペン先を×字にクロスしたような校章や学生服の金ボタンが印象に残った。日活撮影所で仕事をした監督のなかに「慶應ボーイ」がふたりいた。ひとりは小原宏裕であり、もうひとりは藤井克彦である。

記憶をたどると、日活撮影所通い十五年ほどのうち、二十人ほどの監督の下で、およそ五十本近くの映画のスタッフ（組付き）を務めた。そのうち西村昭五郎に十一本、藤井克彦には五本だったとおもう。

慶應ボーイの藤井監督は一見おっとりといて、あまり物事にこだわらぬタイプに見えたが、現場においては固執するところ、演出にこだわりが見られた。これはどの監督についても言える。記録によると彼の監督としてのデビュー作『ＯＬ日記　牝猫の匂い』（一九七二年）が刑法百七十五条で

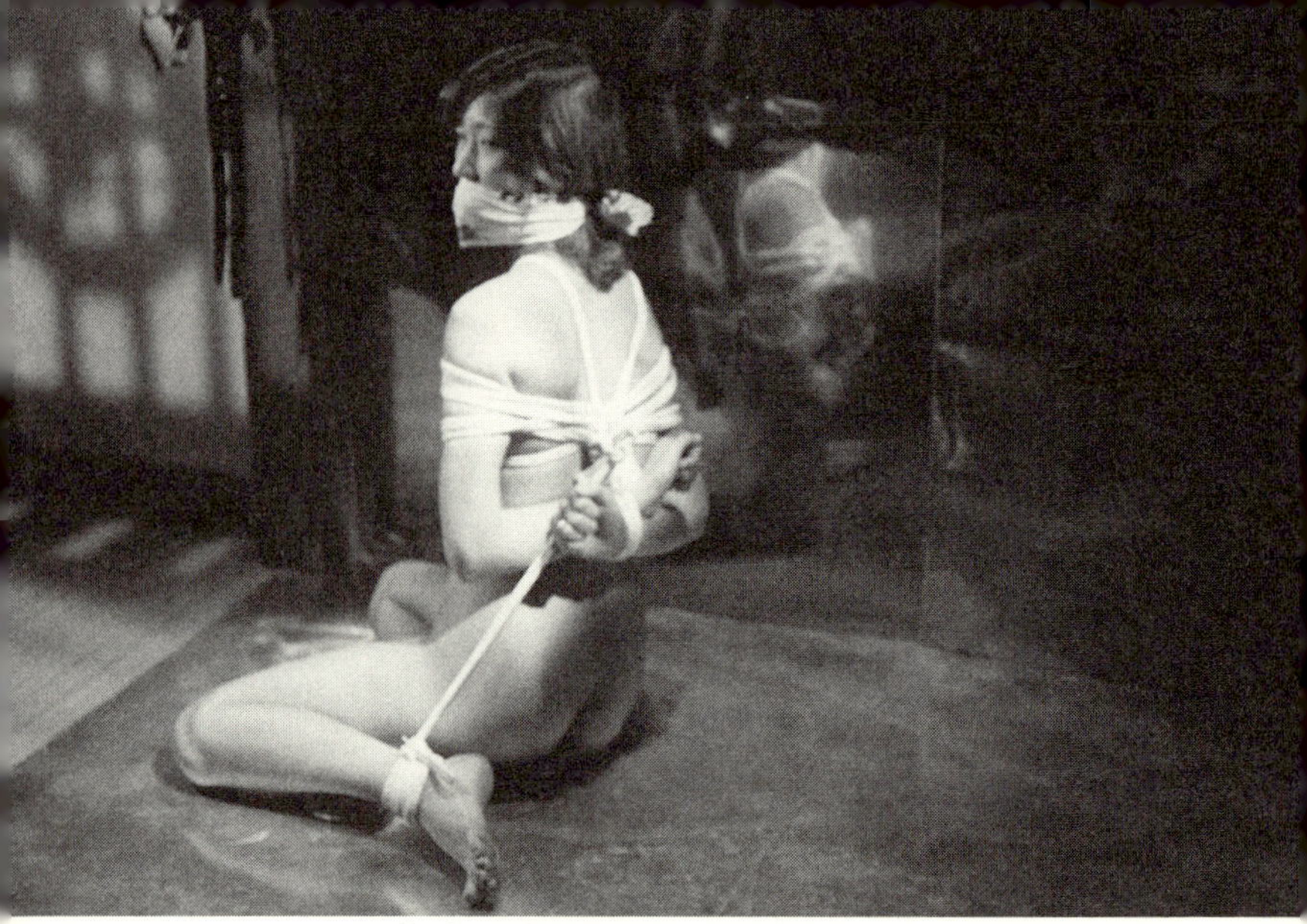

『団鬼六　縄地獄』より　青木奈美

摘発され、公判で新藤兼人が特別弁護に立ち、立派な芸術である——と証言したという。地裁の判決は無罪。この藤井克彦監督との一本を上げるとすれば麻吹淳子主演『団鬼六　縄炎夫人』（一九八〇年九月封切）である。

小原監督と初めて会ったのは『団鬼六　縄地獄』（谷ナオミ主演、青木奈美初出演。一九七八年六月封切）の最初の打ち合わせだった。慶應の法学部を出て衆議院議員の秘書を一年ほどつとめた後、日活撮影所の助監督の試験を受けて入社したと聞いた。

監督としてのデビュー作は『情炎お七恋唄』（一九七二年二月封切）である。その後、谷ナオミ主演作として『檻の中の妖精』『幻想夫人絵図』（いずれも一九七七年六月、十月封切）の二本を撮っていた。

スタッフとして撮影所に呼ばれるとき初めて顔

を合わせる監督については、どういうタイプなのか興味がわく。
同期の四人組（小沼勝、田中登、結城良熙、小原宏裕）のなかで、スタッフとして組付きになってい
たのは『天使のはらわた　名美』（一九七九年）一度だけだが、撮影所の食堂などで顔を合わせると、
よく話を交わした監督のひとりに田中登がいた。彼は実録ものに関心を示し、作品にも『実録阿部
定』や伊藤晴雨を描いた『発禁本「美人乱舞」より　責める！』などがある。その田中登について
結城プロデューサーから耳にしたつぎのような話がある。

助監督時代の田中登はロケハンに監督やキャメラマンなど主なスタッフを案内して出かける前に、
その場所をまず自分で探して下見しておく。ロケハンのためのロケハンをしておくのが田中登であ
った。これは映画づくりが手間ひまのかかる大変な仕事だけに、できるだけ無駄なく合理的に事を
すすめようとする田中登の、新人助監督の時代から撮影所で身につけた知恵であり、また台本のイ
メージから自分で選んだロケ先を先輩の監督やキャメラマンなどに示したい意欲のあらわれではな
かったか、と想像する。

対照的に小原宏裕には大雑把なところがあった。計画的に筋道をたてるタイプではなく、まず両
手をひろげて抱え込むタイプに見えた。たとえばこういうことがあった。撮影前あるいは撮影中に
書き込みなどを入れた台本が、撮影が終わるころにはページが破れてなくなっている。どうしてか
と言えば、撮影中、頻繁に台本を丸めたりページを開いたままポケットにねじ込んだりするため、
ページが千切れる、ボロボロになる、そういうことには一切無頓着である。台本は撮影してしまえ
ばすべて用なし——というのであろう。撮了後の仕上げのさいにどうするかと言えばスクリプター

『団鬼六　縄地獄』より　橘田良江、青木奈美

（記録係）の台本によって仕上げにかかる。スクリプターの台本や記録用紙には撮影中のメモが丹念に（時にはイラスト入りで）記録されている。だから支障は生じない。

――縄（縛り）の情念のようなものをロマンとして描きたい。

初対面の打ち合わせで小原監督は映画『縄地獄』について、以下のように意図を示した。

《ドラマに効果を添えるような緊縛ではなく、緊縛そのものがドラマをつきぬけるようなもの……元々、私は映画の面白さはストーリーを映像化するものではなく、画面〳〵のイメージ、モンタージュの生理的ぶつかりこそが映画のエキスだと考えている者です》

小原宏裕とはこの『縄地獄』一本だけだったようにおもうが、後に「桃尻娘シリーズ」で日活ロマンポルノ作品にもうひとつ花を咲かせた映像作家として忘れられないひとりである。

四十四　スワップ・ドッグレース・ボディペイント

小原宏裕監督『団鬼六　縄地獄』についで藤井克彦監督『団鬼六　薔薇の肉体』（一九七八年九月封切）と撮影所通いがつづいた。いずれも谷ナオミ主演である。そして西村昭五郎監督『団鬼六縄化粧』（同年十二月封切）のシナリオにとりかかるときだ。結城プロデューサー、西村監督、脚本家いどあきお、浦戸宏の四人で最初の打ち合わせがあった。

場所は新宿だった。落ちついた雰囲気で話ができる場所はないか、と訊かれて末広亭の近く、ビルの二階で和風（畳敷き）の客間、冬場は掘火燵の用意もできるクラブ風な酒場に案内した。そこは月刊誌『えろちか』（三崎書房）その後に『サン・アンド・ムーン』を発行する紘映社のオーナーだった林宗宏の馴染みの店だった。普段は和服のママひとりが店をきりもりしていた。

林宗宏とは芳賀書店に企画を持ちこんでいたころからの知り合いで、耽美絵画（挿絵）集などの企画を引きうけてもらったこともある。また、『えろちか』の編集業務は、久保書店に入社するときに紹介の労をとってくれた山下諭一と同社の翻訳ミステリー『マンハント』の編集長だった中田雅久らの手によるもので、内外のエロチシズムをテーマとした風俗誌として一部から注目されていた。

西村監督の意向は、縄だ、地獄だ、の類にあまりこだわりたくない、そういうパターンから少し距離を置いた、あそびのあるSMものをこんどは撮りたい、ということだった。

前作『黒薔薇夫人』をもっと日常的な世界で、ということだったとおもう。そこで「犬に首輪をつけて散歩させるように、人間に首輪をつけて散歩させるというのは？」と切り出してみた。たとえば、

「うちの太郎《タロ》はねえ、このごろとても素直になってよ、ベッドの下でじっとお行儀よく待つようになったわ、奥さま」

「あーら奥さま、うちの次郎《ジロ》だってそうなの、あたくしがハイ、と言うまでずっと首輪をつけてベ

ッドの下で控えてますのよ」

と、男性のマゾヒズムをくすぐるテーマにすれば、これまでのSMロマンポルノ映画とは、がらっと変化が見られるはずだった。

これには、子どもたちにも大人にも人気の洋画で『101匹わんちゃん大行進』という映画もイメージにあった。できれば男性に犬の首輪をつけて女性の方がそれを弄ぶ、男性のM（マゾヒズム）をくすぐるような映画をつくってみたい、と以前からおもっていた。しかし、残念ながら当時の日活ロマンポルノ映画の企画としては無理な相談ともいうべきものだった。せいぜい女性に首輪をつけて散歩させるのが上層部のOKをとる企画としては無難ではなかったか。

話し合いの途中でプロデューサーの結城は疲れているので失礼すると、掘火燵に足を入れたまま畳の上に横になった。監督と話をすすめているかたわらで初対面だったいどあきおは、水割でボトルを空けていた。かなりの酒豪に見えた。彼の脚本を初めてみたのは前述の『貴婦人縛り壷』（一九七七年十二月封切）である。

「ラストシーンがドラマを決める」で述べたように、暴君のような男が女に去られて長襦袢を畳の上にひろげて泣いている、そこへ女が戻ってくる——というラストシーンに差しかえたことがある。そのとき小沼監督が、「いどさんは文学青年的なところがあるからね」と言うのを耳にしていた。

田中登監督に『発禁本「美人乱舞」より　責める！』（一九七七年二月封切）という作品がある。前述の伊藤晴雨の伝説をモデルにしたものだが、これもシナリオはいどあきおである。このころは日活撮影所からのお呼びが中断されていて、撮影現場がどうだったかわからないが、『縄化粧』に出演した中島葵からきびしい話を耳にした。宮下順子と『責める!』で共演していたが、厳冬の奥日光へロケーションに出かけ、縛られて氷雪の池に投げ込まれたらしい。

「田中登のクソリアリズムめが!!」

中島葵はそのときのきびしいロケーションについてカンカンだった。

「あんなシーン、スタジオのなかに雪や氷のセットをつくれば、寒い奥日光まで出かけなくても撮れるのに!」と。

田中登は監督として奥日光までロケハンに出かけて、そこでリアルな氷雪のなかでの責めの映像を撮りたかったのであろう。伊藤晴雨は「雪中責め」というモノクロのリアルな写真を撮るために、モデルをつとめた妻を縛って実際の氷雪の中に放置したという。助監督時代にはロケハンのためにロケハンをしたという田中登だし、狙いはわかるけれども、厳冬の奥日光で氷雪の池のなかに縛られて投げ込まれる女優の、怒りにも似た思い——それが痛いほどの寒さと苦痛だったであろうことは想像できる。

いどあきおの脚本『縄化粧』が予定より遅れて届いたのはクランクイン直前だった。それについて脚本家ぬきで西村監督、チーフ助監督の伊藤秀裕らと話し合いが急遽もたれた。決定稿のシナリオが監督の意図するところとは別のものだった。そこが問題である。当然、シナリオの準備稿では注文をつけたとおもわれるが、これでは最初の打ち合わせも監督の意図するところも完全に無視されたことになる。

すでにクランクインの日時、さらには封切もプログラムピクチャーとして決定している。スタッフや出演者のスケジュールにも撮影を延期する余裕がなかった。

「よし、差し込みでいこ、それしか手はあらへん」

西村監督の一言だった。

「差し込み頼むわ。チーフ（助監督）と相談しながらやって」

監督の決断で差し込みを引き受けることになった。

あの最初の新宿の酒場での打ち合わせのとき、ボトルのウイスキーを水割で黙々と飲んでいた脚本家いどあきおは、何を考えていたのだろう。監督と浦戸は、縄だ、地獄だ、ではなく、SM風なエロスのあそび、SMクラブ風なものをイメージしていた。その話は、ひとり水割を重ねていたいどあきおの耳にも入っていたはずだが、彼はそれをシナリオには取り入れていなかった。

一九七四年の映画『花と蛇』以来、日活ロマンポルノのSMもの（団鬼六の名前入り）、縄だ、地獄だ、の映画がすべて女の被縛ものに限られていて男のそれは皆無である。なぜだろう？　と振りかえるとき、男性が女性に広い意味での性的なものとして弄ばれる、それに馴染めない何かがあるのではないか。あそびのひとつとして男がものとして扱われ、女性の手によって弄ばれるイマジネーションには馴染めない（抵抗がある）ということがありはしないか。

脚本家いどあきおにはSやMをあそびとして理解できていなかったのではないか。彼の脚本による田中登監督『責める！』は、伊藤晴雨の世界をなぞっている。市井における風俗絵師の大家で歌舞伎の舞台美術もやっていたという伊藤晴雨は、女性を縛ったり責めたり、ときには雪中責めにもする演出で、女の被虐美を追求した写真や絵画、さらには縛りの図解まで画き残している。これは視覚的には、女性を性的なものとして描く世界に徹している、と言えるだろう。

映画『縄化粧』は、決定稿の台本に全面的に差し込みを入れるという、異常な状態で撮影が始まった。

セットの撮影現場を手伝いながら、かたわらで翌日撮影予定のシーンを書き足してまとめる。それを出演者やスタッフにコピーして渡す――きわめて前例のない急場しのぎの撮影現場だった。

当然のことながら出演者には不満が生じた。プロデューサーは特に中島葵に気をつかっているようだった。厳冬の奥日光でのロケーションのこともあったのかもしれないが、台本に書かれていないシーンが次々に差し込みされると、もとの台本を見て出演をOKしている役者には話がちがうということにもなり、許しがたい、面子にもかかわってくる。作品はロマンポルノ映画と言われようとも出演者としてのプライドがある。

中島葵はクランクイン当初、得体のわからぬ男が台本に勝手な差し込みを入れおって、馬鹿にするんじゃないわよ！　という彼女なりのプライドから不満だったようである。谷ナオミは以前からのつきあいで気心もわかっており、与えられた役（仕事）はすべてこなすプロ意識に徹しているはずだった。

では、縄だ！　地獄だ！　の類ではなく、ＳＭプレイ風なあそび、という監督が意図するエンターテインメントとして何を差し込もうとしたのか。それは以下のような前提となるものが念頭にあった。おそらく脚本家にはこれが理解されていなかったのではないか、とおもう。

一九七〇年代ごろ性風俗をいろどるひとつとしてスワッピング（夫婦交換プレイ）というものがはやった。その情報雑誌が一部の書店や大人のオモチャ屋と呼ばれる店頭に並んでいた。

これは夫婦生活のマンネリ化を解消する、より刺激的なセックスライフを求めての性的なあそびだったとみることができる。それは夫婦というカップル、あるいはそれに準ずる、身元が明らかで相互に信頼と好感が持てるカップルが対等に交換プレイをする、というものである。その場所はホテルなどの同じ一室であっても、また別々の部屋、別々の場所であっても双方に合意があれば可能となる。

実はこの妻や彼女を交換する——女性から見れば夫や彼を交換する——という交換プレイのなかにSM的なエロスの匂いを嗅ぐことができる。そこで『縄化粧』のシナリオづくりのイマジネーションとして念頭に置いていて、監督にも最初の打ち合わせで提案のひとつに入れていた。なおスワッピングはその後にエイズ問題が騒がしくなるとともに熱がさめたようである。

『縄化粧』では二組の夫婦を設定していた。女優は谷ナオミと中島葵、そのパートナー役に高橋明（通称メイさん）ともうひとり、山田克朗が脇をかためていた。夫婦交換プレイとして二組のカップルによるベッドシーンでは単なるポルノになって面白くない。そこで「わんちゃん大行進」をヒントに、ドッグレースの真似をさせてみようと考えたのだ。ふたりの女優（これが前述のようにふたりの

『団鬼六　縄化粧』より　山田克朗、谷ナオミ、中島葵、高橋明

男だったらなおもしろいが）にここではメス犬になりきってほしい、という思いが強くあった。

　セットの端から端へと引き伸ばして固定した二本のプラスチック製のクサリをそれぞれ四つん這いで犬のごとくまたがせる。そのクサリを股間すれすれにこすれるように這わせ、ジャン・ルノワール監督の『フレンチ・カンカン』、あのカンカン踊りのフランス映画の軽快なメロディにのせられて谷ナオミと中島葵がドッグレースをする。キャメラは後ろ（ヒップの方）から、また前方（顔の方）から女優ふたりの演技ではない生の表情とアクションを狙う。

　こうした演技ぬきのスポーツにひとしいプラスチック製のクサリで股間をこすりながらの四つん這いのレースごときものが、中島葵にとっては、これ何もアタシでなくてもいいじゃないの、なぜこんな犬の真似なんかの役にアタシを選んだのよ、と台本の差し込みについて特に不満がつのっていたのは当然だろう。この点についてもプロデューサーは気をつかっていたのである。重ねて言えば、犬の真似ではない、犬になり切ってほしい、という思いがあった。これは中島葵にだけではなく、谷ナオミについても同じことだった。縛られて、それらしい被縛美、その演技はなんども見せている。そのファンがいることもわかっている。しかし、『縄化粧』では谷ナオミは犬である、犬になることのリアクションを見せてほしかった。

実のところ撮影現場のかたわらでの台本への差し込みは苦渋でもあり楽しくもあった。『フレンチ・カンカン』をイメージしてのドッグレースにつづいて、これも一九七〇年代に一種の性風俗的な現象のひとつとして前衛的なというか、異性の裸体に落書きするゲーム——ボディペイントがはやった。

そこに眼をつけて差し込みを入れた。撮影用の大きい回転盤の上にT字型の柱を固定する。その柱に女優ふたりを背中合わせで両手をそれぞれY字にひろげて括る。この立ち縛りの裸体ふたりを回転させながら太い絵筆に水彩絵具をつけて男ふたりが交互に落書きをしたり、女の勘所を筆先で巧みにくすぐってよろこびあう他愛のないプレイを挿入した。

すると谷ナオミも中島葵も両脇が完全に無防備になっているために、そこをボディペイントされた筆先の刺激に、ことのほかキャーキャー生のリアクションで声を上げた。それに男ふたりが調子づいて盛り上げてゆく。そこらから撮影現場に変化が生じた。特に脇をかためる高橋明の役割が大きくユーモラスにムードを盛り上げた。

四十五　名脇役の屭糸伝説

映画『縄化粧』は谷ナオミとロマンポルノ映画では異色ともいうべき中島葵の共演である。前記の『責める！』では宮下順子と中島葵の共演であるが、ポスターではあきらかに宮下順子が主役扱いであった。同じように『縄化粧』についても主役は谷ナオミとなる。ほとんど差のない出番があり、ドラマのなかでは共演にひとしくても、ポスターやクレジットタイトルでは主役はひとりになる。

『縄化粧』の撮影中ふたりの女優にそれぞれライバル意識のようなものが感じられた。決して表立ったものではないが、谷ナオミにとって中島葵はなんとなく気になる、そんな相手だったのかもしれない。それは演技上のライバルというよりは、後述のような、中島葵の存在そのものによるものではなかったかとおもう。

映画は多くのファンが知っているように主役だけではなく、それを引き立てる脇役が大事である。脇役のキャラクターや演技次第でドラマの盛り上がりや面白さが左右される。その脇役の存在は撮影現場においても同じで、撮影をスムーズにサイドからリードしたり、あるいは面白くはこぶ工夫をこらすなどの現場をいくどとなく見ている。

そのひとりとして親しかった高橋明について記しておきたい。

前記したように高橋明は通称メイさんで親しまれていた。日活撮影所の大部屋時代からの下積みがあり、しぶい脇役として存在感があった。

たとえばかつて宮下順子とＮＨＫテレビの時代劇に出ていたのを見たことがある。そのときの深編笠に一本差しの浪人役などぴったしだった。もちろん日活ロマンポルノでも気がるに出演するという貴重な存在で何本も一緒に仕事した。まだ一九七〇年代の日活撮影所が広々とした敷地を有していたころ、メイさんは赤いスポーツカーを乗り入れてくるなど、それが撮影所ではさまになる最後のひとりだった。

苦労人だが、いたって気安い人柄で、メイさん、メイさん、と親しみを持たれていた。ユーモアがあり、機智に富んだ人物だった。そのメイさんの猛者振りを示すエピソードがある。

日活ロマンポルノ映画では裸の撮影シーンでは女優はもちろん男優も前貼りと称して、当初はクラフト製のテープを貼りつけていたようだ。女性はガーゼなどを当てた上からサポート用の白い布テープを貼る。男性の場合は一物を適当に押さえた上からガムテープを貼る。ところが、はがすとき陰毛が、特に生えぎわのヘアーがテープにくっついて大変な苦痛をともなう。

そこでメイさんは一案として、長めの凧糸をふたつ折りにして一物のガン首を括り、股間から肛門（後ろ）へと引きつけて尾てい骨のところで左右に凧糸を分け、前に回してヘソの下で結び、ガウンをはおってセット入りした。そして「本番！」の合図でガウンをとり、堂々と全裸になる。

相方の女優が股間に気づき「キャー！」と異様な叫びを上げる。ふたつの金玉を左右に押し分けてサオを股座《またぐら》に挟み込んでいる前貼りなしの股間を想像すれば――その異様さがわかるだろう。

「そ、そ、それじゃダメ！　ダメよ！」

相手の女優はその場から逃げ出さんばかりに取り乱して、前貼りをしてくれるよう哀願したという。

当初はロマンポルノ映画と言えば世間から白眼視されていた時代がある。出演者はもちろんスタッフ、裏方のなかにも人目を気にするところがあった。そういう時代から死活をかけて頑張ってきたスタッフや出演者の眼の前において、メイさんのこの猛者振りは、彼を知るものには腹の底から込み上げてくる笑いである。

同時にそれだけではない。この爪糸伝説の笑いには、低予算できびしかった日活ロマンポルノ映画の現場とその存在感を世の中、世の常識家たちに向かって、前貼りなしの金玉丸出しで、堂々と誇示せんとする名脇役・高橋メイさんの挑戦があり、まことに機智に富んだパフォーマンスである。この爪糸伝説は仕事を共にした裏方のひとりとして書き記しておきたい。

四十六　中島葵の「犬の首輪を男性に！」

一九五〇年（昭和二十五）、高校二年の夏休み明け、九月だった。土佐の高知の映画館で封切された黒澤明監督『羅生門』を見た。原作は芥川龍之介の『藪の中』『羅生門』の二作を組み合わせたもの、脚本は橋本忍、黒澤明の共同である。これが橋本忍の脚本家としてのデビュー作だった。平安末期の貴族をおもわせる美女（京マチ子）を馬に乗せて旅の途中であろうか、深い森のなかにさしかかったところで盗賊（三船敏郎）に出会い、女が強姦される。太い幹の根元に後ろ手に縛りつけられ座する連れの男（森雅之）の眼の前においてである。この衝撃的な出来事をじっと見詰めている男の眼差し、キャメラに向かって語りかけている計り知れない複雑な眼差しは、いかなる名優であろうとも彼、森雅之以外では不可能であろうと、初公開以来この映画『羅生門』を機会あるごとに繰り返しスクリーンで見ていて強くおもう。

ここで森雅之がキャメラに語りかけている眼差しには、女が妻であったとすれば、眼の前で自分の妻が強姦されている屈辱をこえて、暴力的な行為（性交）によって妻が他の女へと変貌する生々しいエロス、それをひややかに見詰めているもうひとりの男の眼差しである——と読みとるとき、こじつけになるかもしれぬが、この読みはSM的なイマジネーションではないか、とおもう。

この森のなかでの強姦が、四人の眼で見た出来事として語られる。まず盗賊の話に始まり、ついで強姦された女の話、それを目の前にした男の話、さらに藪のなかから覗き見していた杣《そま》売り（志村喬）の話であるが、四人とも話が食いちがっている。

四人の話のうち、どれが真実なのか、それは〝藪の中〟のこと、だれにもわからない。だれも信じられない。これがこの映画のテーマであると言われている。

この『羅生門』が公開された昭和二十年代（一九四五年以後）は、米英に大東亜戦争を仕掛けて敗北した日本がＧＨＱ（連合国総司令部、実質上は米国）の占領下に置かれていた。そして旧来のナショナリズム一掃のために日本映画も自由と民主主義の名の下に花々しく復興、開花する。同時に撮影所にはたくさんのニューフェイスが登場する。その銀幕のスターたちのほかに新劇と呼ばれる劇団、文学座、俳優座、劇団民芸などの演劇人（女優をふくめて）の活躍がある。そうした新劇の人たちによって実は日本映画に幅と厚みが加わった。この人たちが昭和二十年代、三十年代の日本映画史をいろどっている。特に再開初期の日活映画にそれが言える。

そうした演劇人のなかで文学座から銀幕に登場し、うれいを秘めた独特の魅惑、謎のような眼差し、しかも演技派としても多くのファンを、とりわけ女性ファンを魅了していたのが森雅之だった。

中島葵とは日活撮影所で『縄化粧』一本だけに終わる出会いだったが、なぜか忘れ得ぬ女優である。撮影所でプライベートな話はなかった。しかし彼女の父が森雅之であることは知っていた。さらに森雅之の父が有島武郎という明治から大正期にかけて白樺派に属する作家で、後世に残る小説

『或る女』という長編を書いており、後に女性記者と心中した小説家だということも、高校時代に文学青年の先輩、詩人の嶋岡晨や片岡文雄らの話から耳にしていた。今で言えば民法テレビ番組のワイドショー的な話でもある。

あの森雅之の娘であるということは、有島武郎の孫娘にあたるということ、その中島葵はやはり文学座の研究生を経て座員として在籍したこともある。

大島渚監督が京都で撮影したが、日本では法律上（猥褻物として）の取締りがきびしくて仕上げが不可能なため、フランスへ生のフィルムを持ちこんで仕上げたという、松田英子と藤竜也の主演による話題のハードコア映画『愛のコリーダ』（一九七六年封切。日本での上映は修正したもの）で、藤竜也の女房役として中島葵が出演している。また日活ロマンポルノ映画としてその演技が高く評価された『OL日記　濡れた札束』（加藤彰監督。一九七四年封切）がある。これは滋賀県の銀行員の女性が多額の公金を男に入れ揚げたという事件、婚期が遅れたOLをモデルとして、その性を追求した日活作品だった。この映画における中島葵の演技が高く評価されていることは知っていた。『縄化粧』の現場で初めて顔を合わせたとき、初めは一目も二目も置いて下から眺めていた。

セットのかたわらで変な男が勝手に差し込みを台本に入れ、犬の真似をさせられるなど、なぜこんな役を私が？　と不満がつのっていたようだが、撮影が後半にかかるころから中島葵の態度に変化のようなものが見られた。ある日彼女が撮影の合間に話しかけてきた。

「ねえ、犬の役を男にさせて、女のワタシが調教する、あれこれトレーニングさせて遊ばせるとい

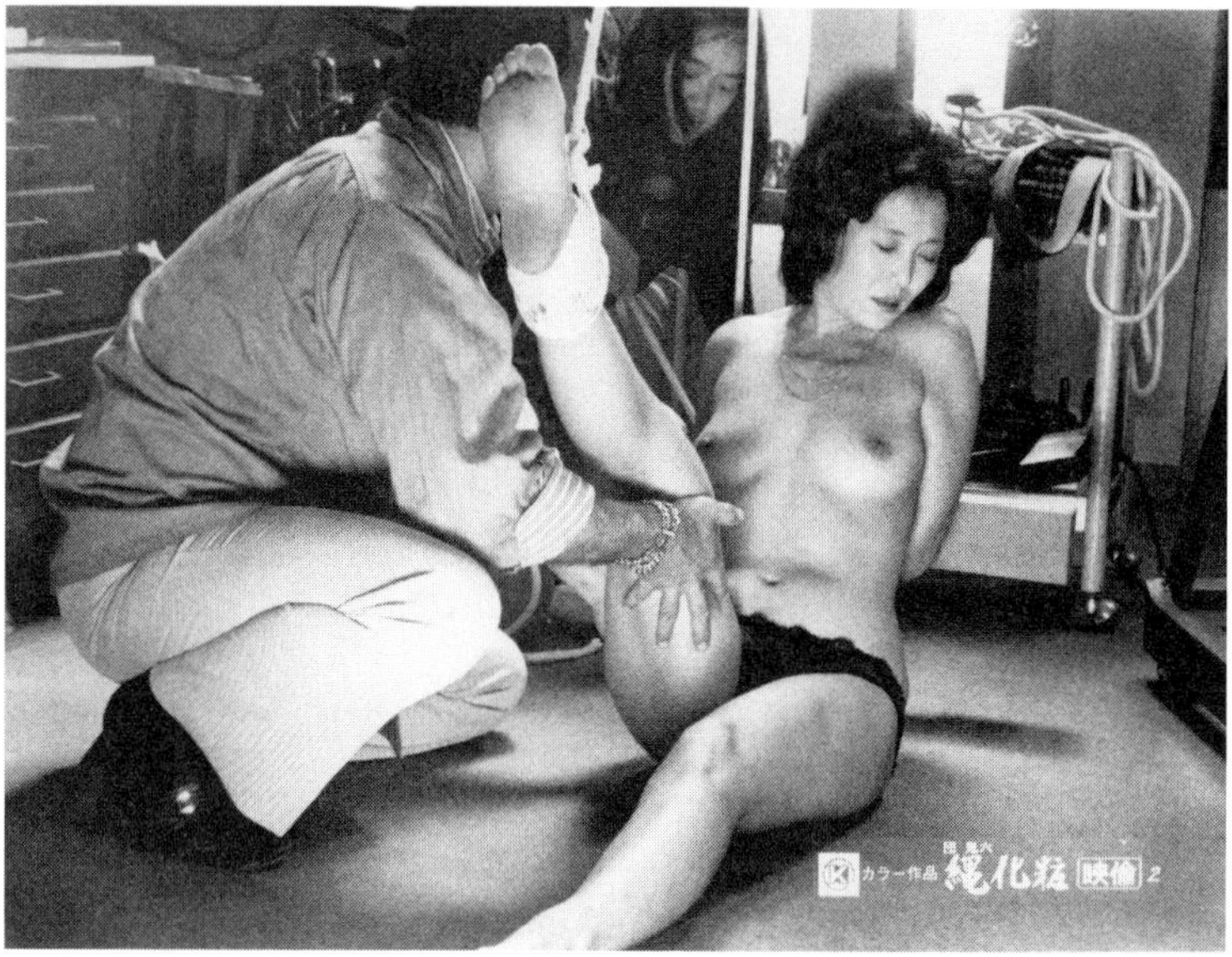

『団鬼六　縄化粧』　高橋明、日夏たより、中島葵

うのは、どう?」

わが意を得たりと笑みが浮かぶ。同時に彼女のなかにこの発想が生じてもふしぎではない、とおもった。男性に犬の首輪を！　という男のMごころをくすぐるイマジネーションは、中島葵が過去に演じてきた女の役どころを裏返してみればよくわかる。

「ぜひ中島葵で、やってみたいよ」

と言葉が出た。そして「企画として日活映画で取り上げられるのは、まだ先になるとおもうけれどね」と言い添えた。その理由は前述のとおりである。

黒のドレス、黒のハイヒール姿で手に黒革の手袋、黒いムチを持つ中島葵のイメージを描いた。あるいは黒のブーツに黒のパンツ、黒のブラ、すべてレザーによるコスチュームでムチを振り上げるポーズもよし！　下手をすると安っぽいSMクラブのマネキンみたいになりかねな

いが、中島葵だったらそうはなるまい。これは画になるぞ、と言うと、

「それ、ぜひやってみたいな」

と、新しいこころみに期待をかける、中島葵の笑顔が印象的だった。


そして一九九一年五月半ばである。

中島葵の訃報をスポーツ紙の芸能面で眼にした。ショックだった。四十五歳、がんとの闘病による早世、という突然の訃報が心にこたえた。

『縄化粧』から十三年がすぎていた。『縄化粧』は一九七八年の暮れから正月を迎える上映作品として封切され好評だったと記憶している。この十三年の時間の流れのなかで日活撮影所はロマンポルノ作品の製作を止め、会社は更生法の適用を受けるなど悪い流れは止まらなかった。

中島葵が期待していたであろう黒のレザーのコスチュームにブーツ、あるいは黒のドレスにハイヒール姿で、犬の首輪を男性に――この「ぜひ、やってみたいな」と強く望んでいた企画は、単なる思いつきの話に終えてしまっていることを改めて痛感した。すまなかったね――ではすまされぬ後悔にさいなまれた。

『縄化粧』の打ち上げのときだった。新宿であった。賑やかだった。酒が入ると中島葵の賑やかさが目立った。不快感をもたらすものではなく、場を盛り上げ心を開かせる雰囲気になる。そんな賑やかな酒盛りのなかで体でからみついてきて中島葵が言った一言がある。

「おい！　勝手な差し込みを台本に入れおって！　その差し込みに協力してやったんだ、いいか、

朝までつきあうんだぞ！」

首に回した腕を締めつけての耳もとでの一言だった。

四十七　もう片方の運動靴と四万十川

一九六〇年代に出会った団鬼六が新米の編集者に向かって言った「エロ雑誌のエロ原稿書き」という言葉、その新米だった編集者が、十年後に数誌のエロ雑誌に原稿を書いていた。日活撮影所のギャラは安かった。たとえば最初の『花と蛇』は延べ二十日ほど昼夜を問わずかかわっていて五万円だった。一割の源泉税を引かれて手取りは四万五千円である。これは撮影スタッフとしてのギャランティではない。金一封である。その安いギャラが後に五倍ぐらいにアップされたが、それでも毎月というわけではない。糊口を凌ぐにはエロ雑誌のエロ原稿を毎月採用してもらうしかない。そのエロ原稿の締切日がすぎていた。撮影のためにである。その一社には翌日の午前中に届ける約束だった。ペンネームは村山省二、深沢泉などである。四百字で五十枚の原稿に一枚も手をつけていない。翌日の昼まで徹夜になる。そこで打ち上げを二次会までつきあい、後ろ髪を引かれる思いだったが、中島葵と仲のよかったスクリプター（記録担当）のお姉さんとチーフ（助監督）に事情を打ち明けて席を立つことにした。

「卑怯者、逃げるか！」

という中島葵と、またの日に――との思いをこめて強く握手したのが、最後となった。

今おもえば、日活撮影所がロマンポルノを止めたのは一九八八年である。中島葵の『縄化粧』はその十年前の一九七八年の製作だったから、この間に彼女がぜひやってみたいな――と期待していた「犬の首輪を男性に！」は日活ロマンポルノ映画の企画としてはついに取り上げてもらえなかった。そして中島葵も『縄化粧』後は日活撮影所に姿を見せることがなかったが、たとえば東京文京区の三百人劇場で実験劇的な作品『悲劇天皇裕仁』を公演したさい右派とのトラブルが生じたことは報道によって知っていた。

「頑張っているね」

と久しぶりに会ってみたいとおもった。「犬の首輪を男性に！」の企画を手にして訪ねたかったが、こちらも食うのに追われていた。つまりは中島葵の期待を裏切りつづけていたことになる。だから訃報の衝撃は大きかった。そして中島葵の存在の大きさを改めて痛感させられることになった。

『もう片方の運動靴は咲き乱れる花の中に落ちている』という長いタイトルの作品集がある。これは中島葵が折々に書きためていた自伝的な作品で、没後の一九九三年に「中島葵全作品集」として二巻本で発行されたうちの一巻だ。

その書が訴えてきたものは驚くべきというか、想像以上というか、その豊かな感性と洞察力、表現力であって深く感銘した。折々に書き記していたというが、その表現たるや父・森雅之をさかのぼる血筋か、あるいは母方のそれによるものなのか、読むほどに彼女の早世を悼むとともに感激にむせる思いだった。

その一節に、母方の祖父が買ってくれた赤い運動靴、その履き古した愛着のある運動靴の片っぽを飼い犬が縁の下に咥え込み、置き去りになっている、というくだりが、巧まずリアルに描写されている。

縁側の下というのは、中島葵の母方の祖父の家である。その地では名の知れた名家だったようだ。父の森雅之と宝塚スターだった母とは添い遂げることはなかった。そこで中島葵は母方の実家、九州の祖父の家で小学校卒業まで育てられている。そして中学生になると関西に移り母と同居することになる。その後、日本大学藝術学部へ進み、それから森雅之も在籍していた文学座の研究生から劇団員となる。

父・森雅之との出会いのことは、こう記していた。幼児期については、ほとんど父につながる記憶がない。演劇を志すようになって一度だけ出会ったが、そのときは、これが森雅之か、と、父という肉親への思いではなく、ひとりの役者、俳優を見る思いだった、と。そして父の訃報に接したのは、日活撮影所で映画の仕事中だったらしい。スタッフに葬儀に行ったほうが良い、とすすめられ、撮影所の衣装部で喪服をかりて、京王線調布駅から電車で新宿へ、さらに山手線で原宿にある森雅之の邸宅に、身内としてではなく、葬儀の一参列者として参加した後、再び電車で新宿から調布の撮影所へと戻ってくる。

二分冊の作品集のもう一巻のタイトルは『小さな劇場』で、ストリップ劇場回りの体験が、時にユーモアをまじえて書かれていたり、あるいはストリッパーの生態が、これも巧まず描かれていた。たとえば子ども連れの踊り子がいたり、と。なぜストリップ劇場回りまでするに至ったか、それは日活ロマンポルノ映画以降のことであるが、いわゆる一九七〇年代の全共闘世代が旺盛だったころ、中島葵はその劇団仲間のひとりと、たぶん彼女なりの実験的演劇ともいうべきこころみとして、「小さな劇場」回りを実践していたのではあるまいか。

中島葵が最後の映画出演となったのは恩地日出夫監督『四万十川』（原作・笹山久三、一九九一年）である。この作品で中島葵は素朴な清流の流れる山村の女を演じていた。日活ロマンポルノ映画以来、久しぶりにスクリーンで眼にする女優・中島葵の姿だった。キャメラマンは安藤庄平である。日活撮影所で初めて浦戸宏が裏方をつとめた『花と蛇』（一九七四年）のキャメラマンである。

撮影中にすでに体調不良を訴えていたようだ。病をかかえながらも映画という仕事に打ち込む中島葵の眼に、四万十川の流れがどのように映じていたか。おそらく全身で病をうけとめながら役を、山村の女を演じ切ろうとしていたのではないか。それをおもうと、彼女との約束を、なんらかのかたちで実現しなければならない、と強くおもう。

それにしても中島葵が『四万十川』で、しかも安藤庄平のキャメラで女優としてピリオドを打つとは！

四十八　『縄化粧』以後と宮下順子

映画『縄化粧』のゼロ号試写（社内試写）が日活撮影所でおこなわれた。それを見た脚本家いどあきおから、降りる——名前をはずしてくれ——との要望が出た。自分が書き上げた台本とは内容がちがう、という理由からである。そこでプロデューサーから、ポスターはすでに印刷済みではずせないがクレジットタイトルは変えるということになったらしく、浦戸宏の名を入れて良いか、それしかない、ということで了解した。しかし台本料は一円も受け取ることはなかった。すべていどあきおに、後にこれがビデオ化されたとき、その印税もしばらく彼に支払われていた。

一九九〇年代になってからだったか、日活が会社更生法の適用をうけたとき、日活の負債のなかにビデオ化報酬料（印税）が洗い出されたらしく、そのなかに九十六万円余の浦戸宏に支払われるべき負債があるが、それを二分の一、つまり半額にしてさらに分割払いにしてほしい、と、再建委員会だったか、東京地裁の民事部だったか、了解が欲しいとの通知を受けた。突然のことだったし、それにビデオ化の印税なるものが、そんな多額になっていようとは予想もできないことだった。

そのとき『縄化粧』の印税もずっと、いどあきおに支払われているのがわかった。実は九十六万円余の印税は映画の原作（原案）料も加えられており、唯一ピンチヒッターで台本を書くことになった後述の『団鬼六　白衣縄地獄』が比較的売れていたようだ。

映画『縄化粧』のあと谷ナオミの引退映画となる『団鬼六　縄と肌』（脚本・松本功、監督・西村昭五郎。一九七九年七月封切）に参加した。

当時、東映『緋牡丹お竜』で人気のあった藤純子（現・富司純子）が結婚を控えて映画から引退する記念映画が公開されて話題になっていた。それにちなんで谷ナオミの緋牡丹お竜風なものをという案が出ていたらしい。プロデューサーは結城良熙だった。元鬼プロ劇団にいて東映のやくざものに出ていた山本昌平も、谷ナオミの引退ということで特別出演した。

もともと谷ナオミは切った張ったの、女やくざもの風な芝居が似合う女優だったとも言える。縛りも彼女にとってはレパートリーのひとつではなかったか。引退映画として彼女の任侠ものは打ってつけだったのではないか。

これで谷ナオミを縛ることもなくなるのか、というわびしさがつのる。写真集『女ねずみ小僧』の、目黒の鬼六屋敷で生い茂る庭木と闇をバックにしての撮影に始まり、日活撮影所で『花と蛇』の最初の現場においてトラブルを起こしたとき「あんた！　プロならプロらしく！」と彼女の一喝で救われた、さすがナオミはプロだ！　と痛感したことなどなど。仕事の場以外ではきわめて人なつこい笑顔を見せる、この笑顔は忘れられない、そう思わせるような撮影所からの去り方だった。

これに共演した宮下順子とは、彼女が日活ロマンポルノに出演する以前、一九七一、七二年（昭

『団鬼六　縄と肌』より　谷ナオミ

和四十六、四十七）ごろ、鬼プロで縛り写真を撮って芳賀書店で出版していた写真集で出会っている。『やくざ天使』というタイトルの写真集は夏に三浦半島の民宿（馴染みの宿）をベースキャンプにして、モデルを二、三人呼んで、海岸で撮った。

七月の好天気だった。三浦半島のほとんど人のおとずれることのない、波のおだやかな入江の岩かげで宮下順子に単衣ものを着せ、海のなかでの縛り写真を撮った。キャメラマンは山口崇である。後ろ手に縛られたまま好天気の下で、彼女は膝を折るようにして海水のなかにすわっている。そしてややうつむきかげんに顔を横に向けている姿が部屋のなかの写真とは異なる風情がある。もっともこれについて団鬼六は、四囲が明るすぎて縛りのムードとは合わないぜ、と撮った写真を評していた。

下着を着けず、単衣の白っぽい和服に赤いひも、海水に濡れた素肌——というのは水着姿や単なるヌードに比べても色気がある。もうひとりのモデルを断崖の下の洞窟で撮るために一度縄を解こうかと宮下順子に訊くと、このままでいいです、ウニや小魚と遊んでいます——と海水のなかに胸から下を沈め、両足を伸ばし平然としている。じゃ、用があるときは声をかけてくれ、とそのまま好天の岩かげの海水のなかに後ろ手に縛ったままの宮下順子を置き去りにして洞窟のなかに入った。

これが中島葵だったら、どうだったであろうか。沖に向かって泳ぎたいから縄を解いてよ、と言うだろう。

四十九　マゾヒスト寅さん

「日活ロマンポルノ」という名称の映画づくりにかかわりのあったスタッフたちにとって一九八八年（昭和六十三）は、十七年間つづいた映画の終点であった。それにかわって「ロッポニカ」という名のもとに脱ポルノ路線が打ち出されたが、わずか数本で同年十月には製作中止になってしまう。期待をかけて始めたロッポニカなる名称の映画も不入りだったのだ。

そこで一九八八年から八九年にかけて旧日活映画や一部ではロマンポルノの再上映をこころみたけれど、結局は映画製作から撤退することになる。これは日活にかぎらず他社でもプログラムピクチャーとしての映画製作の展望はすでに消えていた。むしろその製作システムを、当初はポルノ、ポルノと白い眼で見られながらも、最後までつらぬいていたのは日活であり、ロマンポルノ映画は日本映画のプログラムピクチャー最後のあかし、赤い後尾灯でもある。

撮影所の現場にいる裏方たちの多くは安いギャランティで、与えられたシナリオと監督の指示や要請の下にプロフェッショナルに、あるいはスペシャリストとして自分の持ち場に徹するしかなく、ボヤいても上に通じることはほとんどなかった。

『男はつらいよ』の寅さんね、あれはSMだよ、少なくとも寅さんはマゾヒストだよ、だから面白いのだよ――と、親しい裏方、若手の監督、助監督やプロデューサーにも言ったことがある。

SMと言えば、女性を縛って×××するという短絡的な思い込みでいるところで、『男はつらいよ』の〝寅さん〟はSMで、マゾヒストなんだと言ってみてもピンとこない顔をする。しかし独断と偏見を承知で言えば、〝寅さん〟は大変な女性崇拝者である。

たとえば、好きになり、恋情を抱いた女性の手を握ることはおろか、好きだとも言えないで、すべては寅さんの独り相撲になってしまい、観客に笑いを、そして涙を――この笑いや涙は浪花節みたいなものであるが、日本の庶民社会で古くから心にひめているストイックな見栄である。そのストイックな見栄が観客の琴線に触れてくる。

ひらたく言えば、好きになった女性に好きとは言えず、ひたすら崇拝することでユメを見つづけるけれども、その彼女に恋人があらわれると、あつい恋情を胸に押しこめたまま、妹のさくらに、おれ、旅に出るよ、正月前にひと稼ぎしなくちゃな――と、空っぽのトランクをさげて古里・柴又から旅に出る。まさしく〝男はつらいよ〟である。このストイックな独り相撲には熱い思いをよせる女性への崇拝、そこから屈折するマゾヒスチックな生きざまがある。

かつてお正月とお盆に〝寅さん〟を見て笑い、涙する、そういう観客（寅さんファン）はいうなれば、ある面でのマゾヒスト・ファンである。そして寅さんなるマゾヒストはファンの気持ちが投影されたエンターテイナーである。

日本映画が斜陽化して不況がつづくなかで二十数年間、主役渥美清の死に至るまで四十七作も製作されたこのシリーズは映画史上前例がなく驚異的でもある。

これはおもうに、渥美清が演じるところのマゾヒスト寅さんの魅力によるものだろう。そして原作者兼監督である山田洋次の映像作家としての力量が――そのＳＭっぽいイマジネーションが――映画館へ足をはこぶ観客を楽しませたものである。

マゾヒスト寅さん――について「にっかつロマンポルノ」の撮影現場などでスタッフたちに話しておきたかったのは、このままではダメになる、観客から見捨てられてしまう、と痛感していたこと、その気掛かりになっていたこととは、たとえば、女を裸にして縛ったり、責めたてたりすればＳＭになるという短絡的な思い込みから視点を転ずることができず、ただより過激に、よりハードになるばかりの映画づくりを繰り返しているからだった。


谷ナオミが引退して、志麻いづみ、麻吹淳子らが鬼六作品の主役に出演しているころである。深夜、とつぜん団鬼六から電話があった。電話は久しぶりであった。近況を話し合った後に、

「縛って吊るしたり、叩いたり踏んづけたりするだけじゃなくて、もう少し色っぽく、いやらしい責め方はできないのか？　現場についていていて――」

と忠告を受けた。まさしく言われるとおりである。映画の題名の頭に「団鬼六」と商標ともいうべきネームをつけられているのに、自分の嗜好やエロチシズムが活かされていないのでは――その不満がよくわかる。ひたすらうなずくだけだった。

が、映画づくりの場では監督に全権がある。監督の指示や演出に配下の裏方は自分の技量をフル

に活かすだけである。余計な口出しをして監督のプライドを傷つけたくない、スタッフは皆、そう心していたのである。

五十　身体を張った麻吹淳子

一九八三年（昭和五十八）ごろのことだ。古いスタッフのひとりから、

「谷ナオミさんは、今どうしている？」

と訊かれた。

「彼女、結婚するために引退して、今は九州で良いオカミさんになっているということですよ」

と答えた。

「麻吹淳子さんは？」

と訊かれて、実はどう返答すれば良いか、困った。彼女は突然に、撮影所へ姿を見せなくなってしまった。

「どうしているでしょうね……外国にでも行っているのかな……」

と言ってみたけれど、本当のことはわからない。

突然に姿を見せなくなった――なぜ？　というミステリーめいたものがあり、今もってナゾであ

る。とにかく谷ナオミの後を継ぐＳＭ女優として期待をかけられ、デビューしてから一年余の間に六本ほど主役を演じた麻吹淳子は突然に、撮影所から姿を消した。彼女がどうしているか、撮影現場で彼女と仕事をしたスタッフのだれにもわからない。

仕事でおつきあいした年月や作品数では、谷ナオミの方が関わりが深い。それに比べて麻吹淳子は短期間に六本という主演作で、二代目ＳＭ女優としての期待に必死で応えようと努力していた。そのけなげな女心みたいのものが、強く印象に残っている。

谷ナオミが『縄と肌』を最後に引退して九州へ帰省した後に、そのあとを継ぐ女優としてオーディションで現れたのが麻吹淳子である。この間に藤井克彦監督『団鬼六　花嫁人形』（出演・倉吉朝子、志麻いづみ。一九七九年十月封切）、鈴木則文『堕靡泥《ダビデ》の星　美少女狩り』（出演・波乃ひろみ、朝霧友香。一九七九年十月封切）、小沼勝監督『団鬼六　少女縛り絵図』（出演・早野久美子、港まゆみ。一九八〇年三月封切）がつくられている。

ポスト谷ナオミとして登場した麻吹淳子にとっては大変に酷な時代だった。それはビニール本の派手な内容の売り出し、そしてアダルトビデオの登場、その前ぶれを予測させる生撮りビデオの氾濫である。いきおい日活ロマンポルノ映画も、世の性風俗のエスカレートを無視できなくなる。観客のニーズに応えようとすればハードにならざるをえない。しかし、ここで表面的なハードなポルノではなく、それこそ中島葵がやってみたいと言っていた「犬の首輪を男性に！」の類、エロスのメンタルなあそびを打ち出してみる、その映画化もひとつの方向だとおもったが、しかしそれが通じなかった。

日活ロマンポルノ映画の企画というか、その発想は初期と後期とでは少しちがうけれど、麻吹淳子のころは後期に入っていた。要するにハード化一途という方向づけである。

日活本社のあった港区六本木のビルの横にある喫茶店が打ち合わせの場所としてよく使われていた。

「女性の職業にからんだもので、何かアイデアはないかな」

八巻晶彦プロデューサーとの雑談中だった。制服もののシリーズがそのひとつだったので、看護婦（現在は看護師）はどうだろうかと提案してみた。白い制服がまずイメージに浮かぶ。少し考えていたプロデューサーが言った。

「看護婦、いいね、企画会議で提案してみるよ」

「アイデア料をちょうだい」

と冗談半分に言うと、わかった、という返答である。

これが麻吹淳子主演の『団鬼六　白衣縄地獄』（一九八〇年五月封切）の発端となる。監督は西村昭五郎だった。さっそく台本を誰かに依頼したようだったが、突然、四、五日で台本が書けないか、という問い合わせがきた。依頼していた脚本がうまく運んでいないようだった。
四、五日とはあまりに急である。当時の日活ではロマンポルノ映画を、日本映画界で唯一残ったプログラムピクチャーとして直営館、上映契約館にコンスタントにフィルム（上映作品）を提供しなければならないシステムをとっていた。そこで『白衣縄地獄』のタイトルからこれはいけると踏んだのであろう。ところが脚本ができない。そこであいつに声をかけてみてはどうか――そんなことになったのではなかろうか。監督が西サンである。差し込みで『縄化粧』を撮ったことが念頭にあったのかもしれない。

「ホテルに泊まり込みでもいい。そちらで都合つかなければ手配するよ」

というプロデューサーの話に調子よく乗り、昼間は事務所として借りていた南池袋のビルの一隅で、夜は事務所近くの八峰閣という旅館ともホテルとも区別のつかぬところを予約して、約束の日時までに原稿用紙ペラ（二百字詰）百二十枚ぐらいを書き上げた。

「長いこと監督やっているけど、こんな薄っぺラなホン（台本）初めてや！」

これが西村昭五郎監督の完成した台本についての感想だった。ロマンポルノ映画では、最低でもペラで二百枚という枚数だったようだ。その半分の百二十枚では、たしかに台本の分量としては少ないことはわかっていた。しかし、監督は西サンだし、気心はわかっている、現場でいくらでも補足できるだろう――と、四、五日という約束どおりに仕上げたのだ。

これが麻吹淳子の初主演作となったが、ベテランの橘雪子と岡本麗が、現場で麻吹淳子にやさしくアドバイスしているのが眼に留まった。

『白衣縄地獄』の責め場で、ＳＭ女優・麻吹淳子にこころみた責めは、彼女の肉体的な耐久力、我慢強さのようなものがどれだけあるか、それに主眼をおいた。

たとえば青竹を使った水平吊り、開脚逆さ吊り、ローソク責めなどである。これを彼女はやってのけた。とくに開脚逆さ吊りは、共演した岡本麗（後に刑事物のテレビドラマのレギュラーとなる）という――小劇団に所属しているガンバリ屋の女優さんだったが、その岡本麗のガンバリに、麻吹淳子も燃えたようだ。

逆さ吊りなどの責め吊りは、本人の体重の重さに苦痛が比例する。岡本麗は肉付きは良いが小柄だった。麻吹淳子は岡本麗よりも大柄で体重が重いことは一眼でわかった。その重い体重で同時に逆さ吊りの長尺（フィルムの長回し）を撮るのだから、麻吹の方が同じ両脚逆さ吊りでも大変だったことはよくわかる。

ローソク責めにしても、岡本麗と同時に胸や腹、腿へとたらした。ふたりとも女優としては本当によく耐えた。ちなみに、谷ナオミは吊り責めなどは案外平気でやる気を起こしたが、ローソク責めは肌がダメになると言い、いろいろ本物らしく見せるためにスタッフは苦労したし、『黒薔薇夫人』の時だったたか、胸や乳房へドバッとローソク責めをという監督の意向に、谷ナオミでは無理ということになり、ローソク責めだけ、吹きかえをしたことがある。

「麻吹淳子さんはどうしているだろうね」

という撮影所でのスタッフの話を耳にして、改めて彼女のことを思い出す。

「なぜ、姿を消してしまったのだろう」

このナゾは、彼女のプライベートな事情もあるかもしれないが、案外どこかでひっそりと幸せな女の生活を送っているのかもしれない。それを考えてみると、彼女は女優として、その努力やガンバリが報われないまま、どこかへ行っちゃった――という思いがしきりとする。

ポスト谷ナオミで主演デビューした麻吹淳子は、当然のことながら大きな期待と負担とを背負うことになった。彼女のデビューとその『白衣縄地獄』を宣伝するため、関西、九州へと映画館（館主・経営者の集まり）へと同行し、マスコミ関係の集まりに出て縛りを披露するなど宣伝部の手伝いをした。

とくに大阪と福岡では、東京から出向いたのは彼女とふたりきりだったので、撮影所の現場で接する場合とは、別の印象が強く残っている。

そういう機会に谷ナオミと比較されることを、彼女も内心気にしていたようである。

「谷さんは谷さん、あなたはあなただ、気にする必要はないよ」

などと、わかったようなわからないような言葉で励ましたりした。麻吹淳子もよく心得ていて精一杯つとめていた。谷ナオミと比較するような芸能記者たちの質問には、そばにいて手を差しのべたい思いもしたが、そんな質問にも臆することなく素直に答えているのが好印象を与えたようだった。

谷ナオミは、たしかにピンク映画からデビューして、ＳＭ女優、縛られ役の女優として一時代を築いた人である。ナオミ劇団をひきいて地方巡演などその世界で積極的に活躍し、そして潮時を見て引退、結婚と完全に身を引いてしまっている。

『団鬼六　縄炎夫人』より　麻吹淳子

この谷ナオミの後を受けてデビューした麻吹淳子は、ちょうどビニール本の花々しい出現など社会的性風俗の背景もあって、かなりきびしい状況に置かれていた。

麻吹淳子のキャラクターは、芸能人タイプではなく、どちらかと言えば市井派の、どこにでも眼にする普通の女性というタイプだった。これは仕事を通じて彼女と接して得た印象である。

その一見、どこにでも見かけるタイプというキャラクターの持ち主である麻吹淳子は、谷ナオミの後を継いでデビューしたときから、日活ロマンポルノ映画のSMものでも、ビニ本などの花々しいハードさの影響を受けて、主役としてもハードな演技というか、責めを要求された。

谷ナオミと麻吹淳子の日活ロマンポルノ映画で、その現場における異なった点を挙げるとすれば、まず前記したようにふたりのデビュー時の性風俗、性的な風俗をあつかう出版、写真集、ビデオなどのエスカレートがある。谷ナオミの時代に比べて麻吹淳子の時代はかなりハードな、肉体的な演技というよりはドキュメンタリーとしての映像が求められるようになっていた。それに対して麻吹淳子はまさしく臆することなく、体当たりで挑戦していたようにおもう。谷ナオミは縛りというお芝居で観客にアピールできた時代だったが、麻吹淳子には、お芝居だけではなく、実証的な映像を観客の視線が求めるようになっていた。

その一例として『白衣縄地獄』についで撮影された藤井克彦監督『団鬼六　縄炎夫人』（一九八〇年九月封切）の、群馬県水上温泉からさらに奥へ入った老神温泉でのロケーションを挙げたい。なお、藤井克彦監督は前期の小原宏裕と同じ慶應ボーイである。デビュー作の『OL日記　牝猫の匂い』（一九七二年）が刑法百七十五条わいせつ物頒布等の罪で裁判となり、その第一回公判で映画監督・新藤兼人が証言台に立ち、「芸術品として香りが高い」と証言したといわれる。見たところまじめな、そして紳士的な藤井克彦、という印象がある。

その藤井監督作品には五本ほど現場スタッフとして参加した。そして麻吹淳子の主演二作目『縄炎夫人』の老神温泉のロケーションでの、谷ナオミには見られなかった女優・麻吹淳子の全身体をかけた挑戦が以下である。

五十一　滝を背景に逆さ吊り

雨に降られて老神温泉の旅館にスタッフ、キャスト共に閉じこめられたことがあった。雨の中を出かけても遊び場のない山奥の温泉場である。部屋の中で気の合う連中がだべり合いごろごろして雨が上がるのを待つしかない。

退屈まぎれに一風呂浴びようと階下の浴場へ降りて行く階段の途中で、下から上がってくるホテルの浴衣を着た洗い髪の女にばったりと出会い、足を止めた。そこにはその女とふたりだけである。こちらを見上げた洗い髪の女の顔に一瞬、ドキッとした。化粧などすべて落としてしまった顔が蒼白く、眼だけがギョロッと異様に光っている。

それが麻吹淳子だとはすぐには信じられない、女の妖気みたいなものを感じてドキッとしたのである。

その翌日、青空がのぞいたのを待って早朝から撮影開始、温泉場から車でさらに小一時間ほど山奥へ入ったところ、数十メートルの老神の滝をバックに、背の高い松の老木がある。その老松の、地面から十メートルぐらいの太い枝に、麻吹淳子を逆さ吊りにする撮影にとりかかった。

百パーセント松の枝が折れることもなければ、ロープが切れることもない。そういう物理的な確証があるとしても、その枝に逆さ吊りにされるということになれば、とても我慢できないだろうし、たとえ無理やり吊られても両眼を閉じて何も見る勇気はないであろう。

「あの白い飛沫、滝をバックに逆さ吊りというのは、一幅の責め絵になるんだ、何とか頑張ってくれよ」

と、彼女を励ますと、

「いいわ、頑張ってみます」

と、けなげに胸の中に不安を押し隠して言うのである。こういう時は何よりも安心感を与えることである。

あらかじめ老松の枝に結びつけた滑車のロープにスタッフ二、三人がぶら下がっても大丈夫であることを彼女にも眼で確かめさせてから、いよいよ、テストとして逆さ吊りにしてみた。

三十秒近く逆さ吊りのままでキャメラテストなどして、一度降ろす。この時の三十秒というのが、二分にも三分にも、長く感じられた。

「ここが、くるぶしが痛いわ」

一度降ろしてから、両足首を縛っているロープをゆるめ、痛くないように、ややゆるめに縛ってみる。すると彼女は自分でその結び目を確かめながら、

「これダメ、痛くても我慢するから、うんときつく縛って、お願い」

麻吹淳子の声がふるえていた。その緊張感が直に伝わってくる。

撮影所のステージやセット内と、こういう老神の滝のような、下が岩場であるところとでは、逆さ吊りの恐怖、その緊張感がまるでちがう。

いよいよ本番で高い老松の巨木、その太い枝に逆さ吊りとなった麻吹淳子は、滝と白い飛沫を背

『団鬼六　縄炎夫人』より　麻吹淳子　著者撮影

景に、風にゆらゆらゆれていた。あの時の強烈な気持ちの高ぶり、緊張感は鮮明にイメージとして残っている。

その時、もちろんスチールマンはいたけれども、自前のキャメラを手にして夢中でシャッターを押した。こういう緊張感は十数年の撮影現場で一度だけのことで、女優・麻吹淳子の強烈な印象は忘れることができない。

いまひとつ、以下のような麻吹淳子についてのメモリーがある。それは「にっかつロマンポルノ」十周年記念パーティが関西でひらかれた一九八〇年の正月に、会場のホテル阪神の大広間で、ロマンポルノの先輩女優、小川亜佐美、志麻いずみ、白川和子、宮下順子ら二十数名の女優たちが華やかに着飾り、映画館主さんらと飲み歌っている会場の一隅で、イベントのひとつとして「麻吹淳子の緊縛披露」というのがおこなわれた。その時にも立ち会ったのだが、

「なぜ、あたしだけがこういう場で裸になって縛られなければならないの?」

と、ため息とも、内心の不満とも判然としない呟きをもらした。

「裸になることはあるまい。長襦袢姿でいいだろう」

と、まわりの華やかな雰囲気のなかで、好奇の眼を注がれている彼女に慰めとも、労りともつかぬことを囁いた。

今おもうに、こういう場合、谷ナオミだったらどうだったろうかとおもう。

他の女優たちが華やかなドレスや和装で着飾っているなかで、裸になって縛り姿を会場の中で晒したであろうか。

芸能人、役者根性に徹していた谷ナオミのことだから、あるいは全裸の縛り姿を堂々とお披露目したかもしれないが、今となっては、どちらとも断言できることではない。

彼女の後、ＳＭ女優、縛られ責められ、なぶりものにされる役の、若い女優さんたちが次々に登場してくる。

そういう時の流れ、性風俗のはげしい移りかわりの中で、一年余の短期間に、麻吹淳子は燃焼してしまったかのように、忽然と姿を見せなくなった。その何の前ぶれもない去り方に、今もなお、女優というよりは普通の女性、ひとりの女の姿がしのばれるのである。

伊藤秀裕監督『団鬼六　女美容師縄飼育』（出演・麻吹淳子、志麻いづみ。一九八一年十一月封切）を最後に、麻吹淳子は撮影所に姿を見せなくなった。

五十二　偉大なるＭ・美空ひばり

一九八九年（平成元）六月二十四日の夕刊各紙は、一面トップに《美空ひばりさん死去》の大見出しをかかげた。一芸能人の死去にともなう報道としては異例の扱いであった。

《大衆とらえた心の歌》《戦後の歌謡界に君臨》《不動の「女王」四十年》《心の歌　一七〇〇曲》等々のキャッチフレーズのもとに五十二歳で早世した不世出の大歌手、その追悼記事は一面から社会面、さらには中面の文化欄に至るまで埋めていた。

テレビもまたそれに負けじと各局が自前のＶＴＲやゲストを並べて特番を組み、長時間にわたり放送され、翌日にまで持ち越された。

これら新聞やテレビのあとを週刊誌の追悼特集が追いかけるという具合に、およそ一芸能人の領域をはるかに越えて、まさに異例ともいうべきマスコミの扱いぶりには正直なところ驚き「なぜだ？」と考えた。

六月二十四日は土曜日、そして死亡時刻は午前零時二十八分だったという。すると新聞社などは夕刊発行までに時間的な余裕があった。その間にたとえば追悼記事を組む上で多方面のコメントが得られるし、デビュー以来の業績を裏づける資料としてのブロマイドやスチール写真など収集と記事編集の余裕があり、多彩な紙面づくりになる。密かにこの時を予測して記事の一部は準備していたのかもしれないが、翌日朝刊のコラムや社説にまで美空ひばりの〝死〟について取りあげるというマスコミの扱いには、デビュー以来四十年も大スターとして歌いつづけた不世出の歌手だからというだけではない。

昭和という激動と繁栄の時代を象徴する人物がいるとすれば〝美空ひばり〟がそれに値するだろうと、多くの人びと（ファンである大衆）が認めているためではなかったか。

そういう美空ひばりについて、国民栄誉賞などという表彰は彼女の生きざまとはまったくかかわりのない俗事にすぎないという気がした。

名実ともにデビュー以来ずっと歌いつづけ昭和の歌謡界に四十年も君臨した業績は、美空ひばりを好きか嫌いかには関係なく認めざるを得ない。それは大東亜戦争の敗北を経て今日の経済大国日本に生きている日本人の大多数の、きわめてマゾヒスチックな心情、生きざまを象徴する歌（心をとらえた歌）、その偉大なる歌い手だったということである。

そこでさらに独断と偏見とを押し進めていえば、一九四五年（昭和二十）八月までの日本は軍国主義というS派の時代であった。八月十五日の敗戦により、そのS派にかわってM派（大衆、大衆市民社会）の時代となる。

それ以後四十数年、美空ひばりは日本のS派が追放されM派の時代が到来した昭和二十年代の初めにデビューして以来、昭和が六十四年で終わるまで四十年間、エンターテイナーとしてマゾヒスチックな日本人の心情を、空や風や雨に、そして港や酒場の別れや涙に想いを託して歌いつづけてきた。

もともと大衆たる観客をたのしませる職業としての芸人はS派ではつとまらず、大なり小なりM派が多いときく。そこで美空ひばりを最大級のM派、マゾヒストだったと独断するファンとしては、彼女とは対照的な石原裕次郎がS派のスターとしておもい浮かぶ。

最初に日活撮影所の門をくぐった一九七四年（昭和四十九）五月頃、すでに撮影所のステージの一画に「石原プロモーション」の看板をかかげ（世間の眼を気にしながら食うためにロマンポルノを作っている日活スタッフに比べて）威勢のいい石原プロのスタッフやタレントたちが出入りしていたのを思い出す。

『西部警察』（テレビ朝日）が始まる前の、「大都会」シリーズ（日本テレビ）のころの夏だったとおもう。撮影所の食堂のほぼ中央のテーブルに数人の取りまきをしたがえた裕次郎が、涼しげな甚平姿でイスにあぐらをかくようにして何枚もの色紙にサインしていた。《大都会パートⅡ　石原裕次郎》というサインなれしたマジックペンの文字を、少し離れた食卓から眼にした記憶がある。そのとき、石原裕次郎というかつての日活青春スターの実像のおもかげは消えて日焼けした顔色が妙に黒ずみ精彩に欠けているな、という印象をうけた。

美空ひばりとは対照的なスターである石原裕次郎は、昭和三十年代初めに湘南の良家の坊っちゃんだったところを日活映画にスカウトされて一躍スターとして熱狂的な人気を浴びた。

実兄・石原慎太郎のデビュー作『太陽の季節』から〝太陽族〟とネーミングされるようになる、湘南海岸にたむろしていた昭和三十年代初めの良家の坊っちゃんと、横浜の下町、魚屋の生まれという伝説の美空ひばりとを思い描いてみるとき、S派の裕次郎、M派の美空ひばりがいっそう明確になってくる。これは裕次郎が男で美空ひばりが女だから、という図式だけのものではない。

裕次郎は映画スターとしての芝居も、歌い手としての歌も、湘南育ちの坊っちゃんという生地のままでつらぬいた。それが彼のキャラクターであり、熱狂するファンにとっての魅力だった。やがて映画の斜陽化によりテレビのシリーズもの（大都会、西部警察、太陽にほえろ！）に至っても、裕次郎は肉体的な年輪を重ねながらも、デビュー以来の生地のままだったとおもう。もともとS、S派というものは生地のままでも通用するものだということだ。

これに対して美空ひばりの歌い手としての魅力は、歌のうまさ（声量、歌唱力、歌詞のとらえ方など）といった先天的なもの（生地）だけではない。大衆をたのしませるエンターテイナーのプロとして、たえず扱《しご》きぬかれた（自虐的なほどに鍛錬された）芸人としてのマゾヒスチックなトレーニング（調教）と、その積み重ね、下地に裏打ちされている。

大衆は、美空ひばりのそのプロフェッショナルな歌い手としての熱唱に魅せられてしまう。それが別れであり、涙であり、酒であり、男と女の人生であり、そして限りない可能性への挑戦としてのユメであり〝祭り〟となる。

石原裕次郎も美空ひばりも、本質的には両者とも演歌の歌い手であり、大衆的な演劇（映画、テレビ）の芸人でありながら、美空ひばりの方がはるかにM的で、偉大なるマゾヒストであるとおもうのは、九歳で大衆演芸の舞台を踏んでから後、映画出演もさることながら主たる活躍の場を大劇場の舞台、多数の観客が見つめる舞台から直に観客の熱狂的な視線を浴び、芸人としての快感、観客の前で歌い燃焼することとの全身のよろこびを血と肉にしてM派としての限りなき挑戦——彼女の語るところによれば新しいものへの挑戦——を際限なく繰り返す、そういうプロとしての自覚、つまりは偉大なるMとしての自覚と度量の持ち主だったからであろう。

五十三　奴隷契約書と松川ナミ

かつて編集発行人だったマイナーな月刊誌『サン・アンド・ムーン』（絃映社、一九七八年七月号）

に好事家のひとり、山本康彦の「奴隷契約書」という興味深い原稿を掲載したことがある。それはひとりの変態性マゾヒストの男性があるご夫妻の奴隷となり、犬畜生としてお仕えするという内容を、事細かく明記した奴隷契約書であった。今日、読み返しても大変に興味深い。奴隷制度などありえない、そういう社会だからこそ、イマジネーションとしてご夫妻に奉仕するマゾヒストの男性の夢物語である。

この掲載誌を眼にした当時の日活撮影所のプロデューサーで、後にNCP（ニュー・センチュリー・プロデューサーズ）を経て伊丹十三の伊丹フィルムズ（伊丹プロ）のプロデューサーとして活躍する細越省吾から「これ企画にかけたいがいいか」と言われて、どうぞと答えた。しかし日活ロマンポルノ映画では男性のマゾヒストをテーマにしたもの、そんなSMものは、ほとんど取り上げられる可能性はなかった。マゾヒストの女性ものはOKでも、マゾヒストの男性ものはNGである。それは前に述べたように中島葵がやりたいと期待していた「犬の首輪を男性に！」が実現しなかったのと同じである。これはプロデューサーや企画担当者たちにメンタルなあそびがあるや否やにかかわってくる。前述のごとく自由な発想でものを考え、ものを書くべき脚本家でも、女性のマゾヒズムは認めても男性のマゾヒズムには眼を向けなかった。

細越プロデューサーもそれを男性のマゾヒストとしての企画ではなく、女性を奴隷契約者として、端的に言えば男性が一方的に女性を奴隷として仕えさせる、という企画であり、そのために「奴隷契約書」というネーミング、タイトルが必要だったにすぎない。もし美女を奴隷として側女《そばめ》のごとく使用、奉仕させることができれば、それはそれで男性の一方的なユメでもある。そこで細越省吾が「奴隷契約書」というタイトルに着目したこと、それは評価すべきプロデューサーのセンスというものであろう。

細越省吾からバトンタッチされた結城良熙が『奴隷契約書』（一九八二年一月封切）の台本に取りかかることになる。監督は小沼勝、脚本は東映で仕事していた掛札昌裕である。プロデューサー、監督、脚本家、浦戸宏の四人でシナリオづくりの打ち合わせが新宿であった。雨の夜だった。終電近くになり、結城、小沼は帰り、掛札と深夜喫茶で夜明けの始発電車が走るまで話し合った。

その主なテーマは、『奴隷契約書』は架空の夢物語であるけれども、リアリティ、ドラマに現実的なディテールを活かすこと。さらに縛って転がして弄ぶ、というこれまでの安易なパターンをさけてほしい、まずはドラマとしておもしろいもの、と台本への注文をいくつか並べながら話し合った。掛札もそれには同感だといった。

その第一稿ができあがり、前記の四人で新宿の喫茶店で回し読みした。率直なところ、それまでに眼にしていた台本に比べておもしろく読めた。二、三のこまかい注文すべき点はあるにしろ、OKの見通しとなった。

ヒロインの奴隷役が決まっていなかった。ドラマの内容が奴隷というだけに、簡単に出演する女優がいるはずもない。そんな折に小沼監督から、撮影所へきてよ、ヒロイン役の候補が面接に見えるから、と連絡があって出かけた。そこで出会ったのが松川ナミだった。

松川ナミは四国の生まれで、明るい性格、それが第一印象だった。監督もプロデューサーもお願いしよう、ということになった。麻吹淳子とも谷ナオミともまったくちがうタイプ、感性の持ち主に見えた。いくつかの質問のうち、なぜ日活ロマンポルノ、そのSM作品に応募してみる気になったのか、とたずねた。

「まだ素人だけど、ドラマのなかの人物を演じてみたい、それが自分の性格や日常とはまったく別のものであっても、どこまでできる（演じられる）ものなのか、ためしてみたい」

そんな答えである。ポルノとかSM作品とかにあまりこだわっているようには見えず、表面的にはきわめてあっけらかんとしていた。谷ナオミや麻吹淳子は女優（演技者）としてのこだわりがあったけれども松川ナミにはそれは感じられず、ありのままの姿で役柄を自分の方に引きよせようということだったかもしれない。なお「松川ナミ」は映画『奴隷契約書』のヒロインの名前を芸名として彼女の事務所の意向で決めたのである。

『奴隷契約書』は東京・東村山市の旧家をロケセットにしてクランクインした。十一月の寒さが感じられるころだった。松川ナミの肌は白く、若さと新鮮さがあった。

まず箱のなかに入れられた松川ナミが首に「奴隷契約書」のプレートをぶらさげて、ご主人様の待つ大学教授宅へ「クロネコヤマト」（台本ではそう明記されていた）の宅急便で運ばれてくるところだった。ところがプロデューサーは社（日活）の意向として実在する宅配便に遠慮して「シロネコムサシ」の名称に変えてしまった。これにはシナリオを書いた掛札昌裕と共に、なんだ!?　という

『奴隷契約書』より　松川ナミ

失望をかくせなかった。実在する宅配便のリアリティと、それを利用して箱のなかに入れて送る――というところがロマンとしておもしろいのである。シロネコムサシではまったくその意味をなさない。

この宅配便で箱に入れて送るというアイデアは、浦戸宏が『サン・アンド・ムーン』についで南池袋で編集発行していた『えすとえむ』というミニ雑誌に、親しい寄稿家のひとりがSMプレイとして寄せていた実現可能なイマジネーションによるものだった。

「奴隷契約書」というネーミングがそれまでの日活ロマンポルノ作品には見当たらないユニークなもので話題となりスポーツ紙の芸能記事を賑やかにし、小沼監督と松川ナミが奴隷契約をした――という宣伝コピーも流れた。

注目すべきは銀座のどまんなかで、白昼、全裸にコートだけで舗道に屈みこんで松川ナミがオシッコ、というシーンである。もちろん事前にスタッフを配置させての、あっという間の盗み撮りだった。

用をすませて立ち上がった松川ナミの足下に、スタッフがさっと水を流し、オシッコをしたというトリックを使った。ここのねらいは白昼、銀座の舗道に屈みこんでオシッコする（させる）という非日常的なアクションである。それが本当らしく映っていて、まずまずの出来だった。

この銀座の舗道でのオシッコのくだりについて初めは別のことを想定していた。それはご主人様の教授が、普通に洋服で正装しコートを着せた松川ナミに首輪をつけて銀座のデパートに客として入る。そのふたりの様子（首輪のクサリとそれを手にした教授）を、じろじろ眺めるであろう客たちの

『奴隷契約書』より　松川ナミ

様子をバックに、リアルな盗み撮りをしてみたい——と考えたが、実際にはこの盗み撮りはむつかしくて実現できなかった。

松川ナミはこういうとき羞恥心よりもむしろお客の反応（リアクション）に関心を示す。首輪をつけてデパートに入ったら客たちがどういう視線を自分に向けるか、そんなイマジネーションに理解があったとおもう。

つぎは台本がそうであっただろうとおもうが、教授宅の食事中に床の上に落とした食べ物をスリッパで踏みつける、それを床に口を押しつけるようにして食べろ、というシーンがあった。ここはスリッパで踏みつけたものを食え、ではなくて、手のひらにのせて、食べてごらん、ではないか。スリッパで踏んづけたものを食べろでは、便器を唇や舌で舐《な》めてきれいにしろ、とほとんど大差のない抵抗不可能な弱者（被支配者）に対する威圧でしかなく、SとMのイマジネーションとしてのロマンチシズムがない。嫌悪感が先に立つ。

前記の細腰省吾が目をつけた『奴隷契約書』（山本康彦）の場合は、ご夫妻と奴隷契約して、マゾヒストとして奉仕する、場合によっては夜の寝室において、ご夫妻の性的快楽にも奉仕するところが想像可能である。そこに奴隷としてマゾヒストのよろこび（快楽）があるのだろう。

月刊誌『裏窓』に黒田史朗、安東泉、水尾究などの筆名で実証的なマゾヒズム論を寄稿していた天野哲夫（倉橋由美子『マゾヒストM氏の肖像』のモデルでもあり、M派の名著『家畜人ヤプー』の著作代理人）から、ご夫妻の寝室において奉仕する、三者願望——というMの実証的な快楽の話、その体験談を聞いたことがある。さらに一般文芸書を男性Mの視点から論じた『異嗜食的作家論』と『禁じられた女性崇拝』の二点を芳賀書店で出版した。いずれも『裏窓』に掲載した作品を編集したマゾヒズム論である。

映画『奴隷契約書』の撮影現場の圧巻は松川ナミのヌード、その全身を黒くスミでぬりつぶして（このために彼女は肌を痛めた）、オークション、奴隷市にかけるシーンだろう。このセリには松川ナミのほかに地味な存在ながら多くの日活ロマンポルノに出演していた小川亜佐美がいた。彼女の主演作をと企画をふたりで考えて提案したこともあったが実現しなかった。後に彼女は子ども向けのドラマのシナリオやアニメの原作を書くという創作の才能の持ち主だった。

また、奴隷・松川ナミを林のなかに捨ててくるシーンがあった。眼かくしをして車で連れ出し、後ろ手に木に縛りつけておく。日が暮れて夜になる、その不安のなかに放置した後に、不意に教授がいつも書斎で聴いている名曲を流す、ナミがその曲にはっと気がつく。車で連れまわされたけれどもつながれていたのは、教授宅の庭木だったというおちである。このシーンにはスリッパで踏みつけたパンを食え！　ではない奴隷と主人とのドラマがある。

そして松川ナミがいなくなって空しさが残る教授宅に再び宅配便で木箱が運びこまれ、なかから「奴隷契約書」のプレートを首にかけた妻（志麻いづみ）が姿を見せる――というラストシーンは効果的だったとおもう。ちなみに団鬼六は志麻いづみの楚々としたムードが好みのようだった。

好評だったので続編『奴隷契約書　鞭とハイヒール』（監督・中原俊、脚本・掛札昌裕／中島信昭。一九八二年五月封切）が作られたが、しりすぼみの感があった。一方的に奴隷と決めつける形だけの片寄りから、見る側が感情移入できない奴隷になっていて、なるほどと、うなずけるようなＭのエンターテインメントが不足していたからではないか。シリーズ化できる可能性がありながらも二本で終わる。

松川ナミの三本目は『肉奴隷　悲しき玩具』（監督・藤井克彦。一九八二年十月封切）である。このタイトル「肉奴隷――」というのではマゾヒズムのロマンは感じられない。現場に立ち合ったけれども、車イスの少女（伊藤京子）とナミ、車イスが坂道を転がるところだけが印象に残っている。

そして『縄と乳房』（監督・小沼勝、脚本・宇治英三。一九八三年一月封切）が松川ナミの四作目である。これには後述の『浦戸宏の世界』（一九八二年）で撮影に使った水車責めが取り入れられている。撮影で困ったのはナミを水車に縛りつけて逆さにする。そのとき顔が水中に沈む――という台本であ

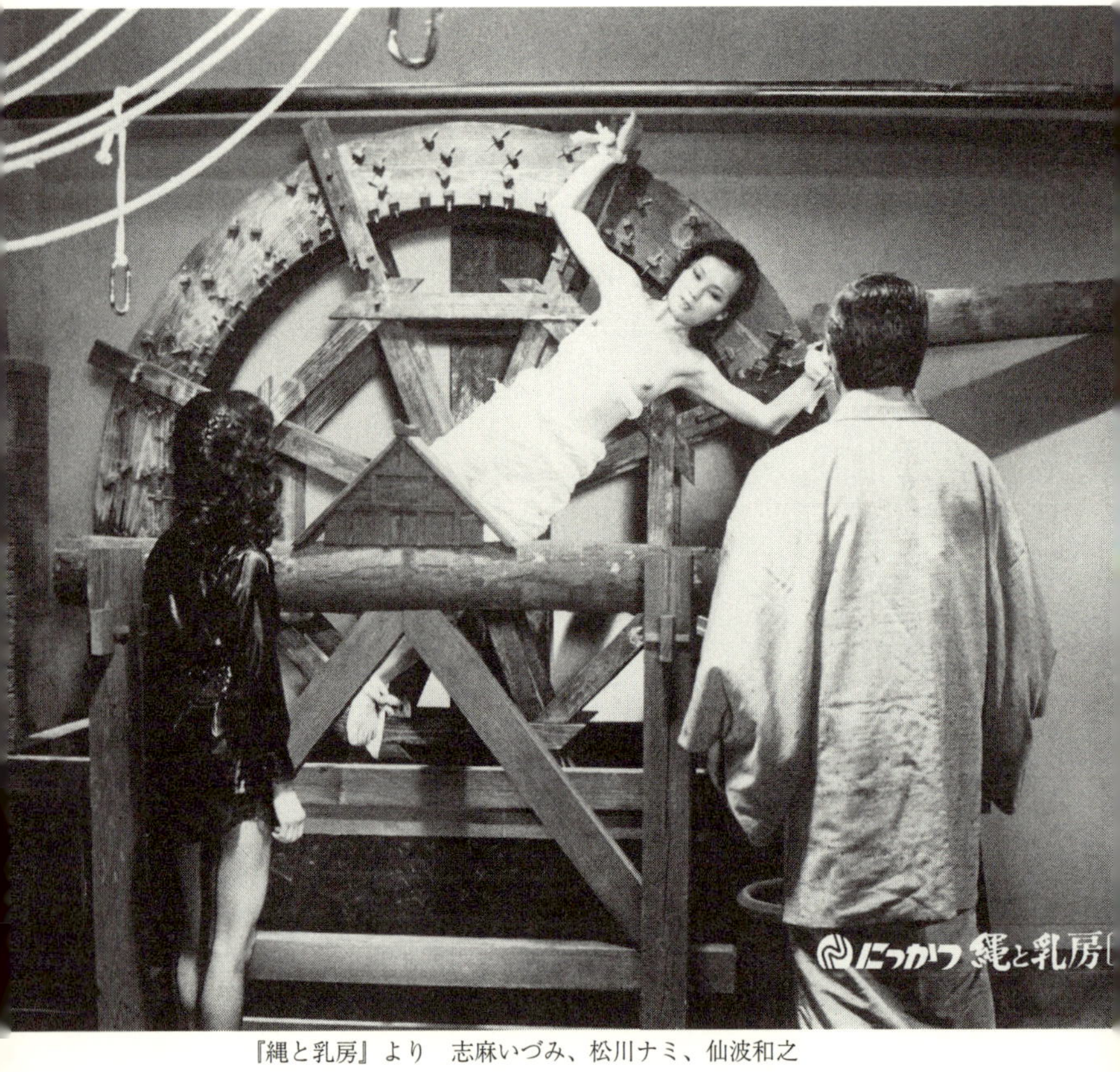

『縄と乳房』より　志麻いづみ、松川ナミ、仙波和之

る。頭を水中に押し込まれた場合を考えるとよくわかるだろう。息苦しくなって頭を上げようとしてもできない。溺死の可能性がある。

脚本家は松川ナミがプロのＳＭショウの役だから、という設定だったようだが、とても現場で責任は持てない。いざというときのために医者にかわるべき人物を現場に配置してほしい、と監督に告げていた。近くの診療所からきた女性の看護師が見守るなかで、ナミを縛りつけた水車を回転させ、水中に顔全体が沈んでいるシーンを撮った。

また大きなガラス製の水槽のなかにナミを泳がせ、その尻から浣腸器で入れた赤か紫の液体を肛門から出す（流す）という、なんともはや表現のしようのないシーンが台本に書かれていた。それを実現しようとしたが、脚本家の頭のなかでのおもいつきが水槽のなかで実現できるわけがなかった。

この『縄と乳房』の撮影現場を取材に見えていた映画評論家の山根貞男が、『日本映画の現場へ』（筑摩書房）にその一編として記している。

五十四　松川ナミの磔・放水責め

一九八二年の夏である。結城プロデューサーの企画で日活ビデオ（当時はにっかつ）三十分もの五本をひとつのシリーズとして『浦戸宏の世界』を撮ることになった。キャメラは『生贄夫人』以来、長く仕事が一緒だった森勝である。

そこで、生撮りぶっつけ本番の「女囚磔水責め」をやろうと考えた。「磔《はりつけ》」あるいは「磔刑《たつけい》」について関心をよせるSM嗜好者は意外に多くいるのではないか、という気がする。

洋の東西を問わず「磔刑」という処刑記録が刑罰史に記されている。しかし、今日なおもそれがおこなわれている国はあるまい。電気イスや絞首刑に比べ、磔刑は残酷な刑罰であり、見るに耐えない処刑ということでもあろう。

たしかに磔柱に人体を全裸、または一部分の着衣で固定して刺殺、曝しものにするという行為は残酷である。

SM嗜好者にとって、磔や磔刑がひとつのロマンであり、夢想として、それぞれ勝手にイメージに描き、楽しむわけである。

一般にSMの嗜好者というのはロマンチストであり、夢想家である。夢想家というのは、実際には実現不可能なことであっても、過去の生活体験や歴史上の事柄から勝手に類推し連想する。

たとえば彼の脳裏や瞼の裏では、好みの女性を女囚に仕立て、磔柱に固定する。

その際、女囚を全裸で磔にするか、白装束で磔にするか、あるいは赤い湯文字（腰巻）や越中褌姿で磔にするか、刺殺する方法についても、竹ヤリを用いるか本物の槍で処刑するか、火刑にするか、それぞれ夢想の好みでちがってくる。

一九八二年（昭和五十七）七月、生撮りビデオの一巻『女囚磔水責め』に松川ナミを起用することにした。にっかつビデオ（当時の社名）の方針としてはビデオ倫理協会の審査を前提にしており、ストーリーをつける必要があった。そこで松川ナミを大店の後妻という設定にし、〝不義密通、主殺し〟という勝手な罪状をでっち上げ、そのために磔刑となる——そんなストーリーの台本を提出していた。

完全な時代物仕立てならば当然、日本髪に結髪するか、カツラを着用すべきだが、製作費の都合からそれができず、責め役の手下ふたりの男優もすべてカツラなし、現代版女囚磔ビデオという勝手なものに仕立てた。

構成・演出者としての浦戸のねらいは松川ナミを磔柱に固定し、消火栓のホースで水責めにしてみたい、そのさい彼女がどのようなリアクションを見せるか、その演技ぬきの生のリアクションをビデオ撮りしてみたかった。

後日、この『女囚磔水責め』のビデオを購入されたX氏から丹念な感想並びに、X氏ご自身の女囚責めのイラストなどが、にっかつビデオ気付で送られてきた。

X氏の感想の大要は、磔柱がきれいすぎること、女囚は赤い湯文字、上半身は裸で、水責めではなく竹ヤリによる処刑、また女囚の石抱き責めにしても、ソロバン板に正座させること、抱かせていた石が小さすぎる、などと記されていた。

このX氏のご意見は、氏の嗜好にもとづくものとして十分に理解できる。

磔柱がきれいすぎる、丸太棒の柱にすべきだったというご意見についてはもっともであろうとおもいながらも、構成・演出者としてのねらいは——磔柱については最初から白木材で、四寸角のものでつくってくれと、おおよその形状などをメモして美術、大道具の方に依頼していた。

せめて磔柱だけはイメージ通りにつくってほしいと考えていた。匂うような白木の磔柱に白装束の松川ナミを磔にする、そのイメージが夢想の要因でもあった。白木でというのは、映画の中で磔柱などをセット内につくる時、美術担当者が黒くスミを塗ったり、着色したりすることが多いので、白木の香りが匂うような磔柱を立ててみたい、という願望があった。四寸角材二本を材料にしたその磔柱の製作費が五万円かかったと聞いて、材料加工費の高さに驚いた。

七月中旬の日曜日である。幸いにも快晴に恵まれた。撮影所内の、かつて映画華やかなりしころの名残りをとどめるオープンセットの一部分を使い、松川ナミの『女囚磔水責め』ビデオ撮りは朝九時から始まった。

諸般の事情で休日にしか撮影所のオープンセットが使用できなかったことに加えて、同時進行でもう一本『縛りと責め入門』を撮るハードスケジュールだったので、こまかいことには眼をつむり、撮影をすすめてゆくしかなかった。しかも、スタッフは映画を撮る時の三分の一ぐらいの少人数だから、ひとりで何役もの雑用を兼ねるわけである。お白洲での裁き、獄舎での石抱き、逆さ吊りなどの責めにつづいて、これもオープンセットの一隅にある水車、その水車に松川ナミを縛りつけ、回転責めにとりかかったころは、午後の日差しになっていた。

水車は電動仕掛けで、スイッチを入れると回転するのだが、女囚ナミを褌の締め込みにし、荒縄で縛りつけると、責め役ふたりに手動で回転させることにした。

本当は白装束のまま水車に縛りつけたいところだが、このあと磔刑のために、その衣裳を濡らさず取っておきたい、代わりの衣裳がないために褌の締め込みとした。

水車のあるところが日陰のため、ライティングなど準備をととのえてから、もちろん、ぶっつけ本番による「水車の回転責め」である。それまで映画では、逆さ吊りの体験がある松川ナミだが、水車の回転責めは初めてである。

「怖いわ。無茶しないでよ」

ナミはかなり恐怖を感じているらしく、水車に縛りつけられると、全身を緊張させ、心もちふるえていた。

「大丈夫だ、ゆっくり回転させる」

と安心させたけれど、実際にはどういうことになるか、テストなしの本番だから演出者にも想像がつかない。心臓マヒなど起こさぬかぎり、まず荒縄が外れて怪我などすることはない、そう考えながら、「ヨーイ、スタート」をかけた。

責め役ふたりが水車の左右に分かれ、ぐらぐらっと最初は右、左へと二十度ぐらいにゆさぶりをかけてから、時計とは逆回りに大きく回転させた。

「キャー」

ナミは悲鳴を上げた。水車の下の部分は小さな池というか、水溜りになっている。ちょうどナミが逆さまになった時、髪が池の水面すれすれになる。ギシギシと水車が軋《きし》みながら、つづいて二回転、三回転とふたりの責め役の手で回転するのである。

「キャー、キャー」

ナミは演技ではない生のリアクション、恐怖の悲鳴を上げる。濡れた頭髪が伊藤晴雨の絵のように頬に張りついたり、肩の辺にかかったりする。

左回転につづいて、つぎは右への回転に変えてみる。責め役ふたりも芝居でやっているなどとは念頭になく「そうりゃ、いくぞ!」そんな掛け声で回転させる。それにつれてナミの、「キャー、キャー」という悲鳴が入り混じる。ビデオ撮りしているというアクションではなく、まさに水車の回転責めである。

責め用具としてつくられた水車ではないだけに、荒縄で縛りつけられているナミの背中や尻に容赦なく、水車の節くれだった部分が当たったり、回転するうちに縛りつけている両手、両足首、肘などの肌に荒縄が食い込んで、かなり苦痛だったらしいが、責められている間はナミ自身、それを口にしなかった。

右に左に回転を繰り返しているうちに、荒縄にゆるみが生じて、ちょうど逆さになった時、そのままズルズルと水面の中に頭が沈んでしまうのではないか、それが一番おそろしかった、と後でナミがもらした。特に、四十五度ぐらい傾けられたまま、左右に水車のゆすりをかけられると、荒縄で縛られている部分の食い込みもひどく、体重のバランスがとりにくく、身体がねじられるようで、本当に応えた——とこぼしていた。

水車の回転責めのくだりは、実際にビデオを見てもらうしかないが、回転責めでグルグル責められているナミの表情、悲鳴は演技ではなく、生のリアクションだし、水しぶきに濡れている髪のほつれなど、それなりに効果的な画になっているようにおもう。

水車の責めにつづいて、磔刑に取りかかった。

磔柱をあらかじめ立ててから女囚を縛りつけるのか、縛りつけてから磔柱を立てるのか、刑罰史上の記録については不勉強でわからぬが、とにかく柱を立てるべき穴を一メートル近く掘っておき、そこへ女囚を縛りつけた柱を立てる。その手順をビデオに収録しようと考えていた。

地面に置いた十字柱に白装束のナミを仰向けに寝かせ、荒縄で縛る。この過程も本当ならすべて収録したかったが、何しろ責め役のふたりは縛りができず、万一のことを考えて柱に固定する要所要所は、演出者自身でしっかりと縛りつけるしかない。

薄物の単衣の白装束だから、余りきつく縛りつけると、単衣越しに肌に荒縄の毛羽立ったところが刺さって痛い、と松川ナミが悲鳴を上げたけれど、しっかり縛っておかなければ、放水責めで全身を動かしているうちに、縄目がゆるんではかえって危険である。

かなりきつく、しかもていねいに柱に縛り終えてから、柱を徐々にふたりの責め役が立てかけるところからビデオに収めることにした。実際のところ身長百六十余センチ体重五十何キロの松川ナミを磔柱に固定した上で、男ふたりの力で立てかけ、穴に柱の根元を埋め込んで固定できるものかどうか、これも実はドキュメントとして実験的に撮り入れてみたいと、イメージでは構成していた。体重五十何キロの松川ナミを持ち上げるだけなら男ふたり掛かりで問題はないが、四寸角材でつくった磔柱の重さが加わってくる。

柱の高さは、地中に埋める部分が約八十センチ、地面から足（かかと）までの高さが一メートル五十センチ、そこから上が一メートル八十センチぐらい、さらに腕木の四寸角材の重さが加わる。この磔柱の全重量と松川ナミの体重とを加算すれば、男ふたりだけで穴に立てて、柱の根元を固定するのは、実際にはかなりシンドイ作業だ、ということがわかった。

地面に横にした磔柱に松川ナミを荒縄で縛りつけると、責め役ふたりが、

「ヨイショ」

と掛け声と共に持ち上げる。キャメラはナミの表情を追ってもらうことにした。

責め役ふたりが互いに声を掛け合いながら必死に持ち上げ、穴に柱の根元を入れ、垂直に立てようとしたが、ゆらゆらと柱がゆれる。無理をすると女囚を縛りつけたまま柱が地面に倒れそうになる。危険を感じたスタッフがあわてて手を貸し、ようやく柱の根元をしっかり固定することができた。

地上で柱を横にして縛りつけていたので、柱を垂直に立てると、女囚ナミの体がずり下がり荒縄がいっそう薄物の白い単衣越しの肌に食い込むらしく、彼女は眉をしかめた。しかし柱の根元を固定してしまった以上、女囚ナミには我慢してもらうしかなく、放水やライティングの準備がととのうまで、とりあえず仮の踏み台を与えて辛棒してもらった。

「顔にかけては気絶するかもしれないから、絶対に顔には放水しないでよ」

ナミは磔にされているので体の自由がきかない。顔だけを左右に振ることはできるけれど、それでも首から上めがけて消火栓のホースから放水されると、もろに水をかぶるしかない。

「絶対に顔はイヤよ！」

女囚ナミは真剣な眼差しで言う。

「大丈夫だよ。顔には放水しない」

と下から見上げて安心させる。

もちろん放水責めもぶっつけ本番である。放水のテストをすれば、本番のドキュメンタルな女囚ナミの生のリアクションが収録できないし、それに白装束の単衣をテストで濡らしてしまえば着替えもなかった。

磔柱を立てた位置からキャメラまでの距離は七、八メートルほど、その横に消火栓から引いた布製のホースの先端をスタッフがふたり掛かりで磔の女囚に向ける。

すべての用意がととのったところで、ＮＧは出せないのでキャメラとの最終的な打ち合わせをする。


七月中旬の午後の日差しが西に傾き、沈黙のなかに微風が出て、オープンセット内のしだれ柳がわずかにゆれていた。

女囚ナミは観念したのか、頭を柱にもたせ静かに瞼を閉じていた。

「あたし、閉所恐怖症なの。狭いところに閉じこめられたり、水中に頭を突っ込むことは、想像するだけでもゾッとするのよ」

と松川ナミはかつてもらしたことがある。水中に頭や顔を突っ込むことがイヤだというのは、水に対する恐怖症もあるのだと言う。

映画撮影で初対面の女優を縛ったり、責めたりする時には、あらかじめイヤなこと、苦手なこと、あるいは、運動神経など（肉体的なこと、心理的なことなど）について質してみる。そして、彼女らの苦手とする点については、できるだけさけるようにしている。

「水にも恐怖症なの」

と言う松川ナミを磔にして放水責めにするというのは、皮肉にも彼女の苦手なところを責めることになる。

「思いきり泣きわめいてもいい。芝居ぬきのリアクションを見せてくれよ」

と磔刑の放水責めについて覚悟を促す。谷ナオミ、麻吹淳子らについでのSM女優というか、縛りや責めをテーマとする映画出演に自分なりのプライドと自覚を持っている松川ナミの、水車の回転責め、磔の放水責めは、先輩格の谷ナオミや麻吹淳子もやらなかったひとつの挑戦である。

消火栓ホースからどの程度の圧力で放出するか、わずかばかりのテストをして、あとはホースの先端を磔の女囚ナミに向けているふたりのスタッフの判断に任せた。

いきなり腹や胸部に向けては、心臓マヒを起こす危険があるので、まず女囚の爪先、足先から徐々に腿、股、それから腹や胸元を狙って放水するように指示した。

責め役ふたりが、やや緊張気味で、赤い褌の締め込み姿で竹ヤリをそれぞれ手にし、磔になっている女囚ナミへの見せ槍の格好をとって、罪状を告げる。

「女囚ナミ、不義密通並びに主殺しの科《とが》により、磔に処す」

陽がオープンセットの西に傾き、緑のしだれ柳が一瞬しんと静まったなかに、かすかになびく。

ジャアージャアーと勢いよく消火栓のホースの先端からはじき出された水が、かなりの圧力で磔柱の根元から徐々に女囚ナミの足から腿、そして股間へとほとばしった。

薄物の白装束を濡らし、下半身が透けて見え出す。

「キャー」とも「イヤー」とも判然としない女囚ナミの叫びが、下半身を放水責めにされながら、口をついて出る。

消火栓のホースの先端から七、八メートルの距離に位置しているけれど、放水が腹から胸を直撃して左右にはじけ飛ぶ水沫のすごさを見守っていると、一瞬、

「大丈夫か?」

と、女囚ナミではなく、女優・松川ナミの身の安全を気づかったほどである。

「キャア――」が「ギャア――」になり、さらに「イヤーン」というようなナミの絶叫が、ホースからほとばしる水の音、地面に落ちる水滴に入り混じって耳に伝わってくる。

地面がまたたく間に水びたしとなり、まるで激しい夕立に襲われたようである。

最初にまず、二、三分ぐらい放水責めをつづけて女囚ナミのリアクションを生撮りする予定だった。足先から腿、股間、腹、胸への順序で放水を浴びせてから、再び腹から股間中心に移動する。

その上下の繰り返しの放水責めのなかで、キャメラは引き（ロングショット）と寄り（アップ）とを交互に撮りつづけてゆく。

「顔には放水しないで」

とナミは事前に言っていたし、スタッフもそれを承知しているのだが、胸元への放水がはじけ飛ぶ、その水沫でナミの顔はもちろん頭の髪まで、全身びしょ濡れになって、「ギャアー」とか「ヒャー」と絶叫しながら、放水をさけようと首を左右に振って演技ぬきでわめきつづける。


初めは二、三分の放水予定が、それを上回るように浴びせつづけているうち、

「キャー、やめて！」

というようなナミの絶叫に、カットをかけた。

消火栓ホースの水栓を止め、びしょ濡れになっている磔柱のナミの足下に駈け寄り、とりあえず踏み台をスタッフのひとりが持ち出してきて、ナミが一息入れる。

「もう、あたしダメよ、これ以上つづけられたら、ほんとに気絶しちゃうところだったわよ」

放水から解放された松川ナミは、磔のまま大きく胸で息し、ほっと安堵したのか、頭からびしょ濡れになりながらも、口元に笑みを浮かべた。

「どうだ、もう一度やれるか？」

と声をかけてみると、

「ちょっと休ませて、胸やお腹が痛くて痛くて、我慢できないわ」

と、体に叩きつけられる水圧が、かなり強烈に、胸や腹に当たって痛い、と訴えるのである。

それに荒縄が水をたっぷりと含んでいる。無意識に放水をさけようと体をねじるたびに肌に荒縄が食い込むようである。

「縄を解いてやりたいけれど、もう一度だけ我慢してくれよ。縄を解くと、また縛りつけるのが大変だしな」と説得すると、

「いいわよ、その代わり余り長く放水されると死んじゃうわよ」

と、七月中旬の晴天の午後とはいえ、松川ナミは、寒さからか、水責めの恐怖からか、すっかり唇の色をなくして、半ば開きなおったように微笑する。

「よし、もう一度、ヨーイ、スタート」で今度は腕木に縛りつけている両腕から胸元、さらに下半身へと、執拗なほどの放水責めをつづけた。

「ギャー」とか「イヤー」などの絶叫が、放水責めがつづく限りナミの口から出つづける。

最初は、とにかくテストなしのぶっつけ本番であったため、スタッフの方もこわごわだったけれど、二度目ともなれば緊張のなかにも、磔になっている女囚ナミを可能なかぎり責めてみる、ふとそんな余裕というか、雰囲気すらあった。

しかし、磔で全身を固定され、消火栓のホースから、もろに放水を腹、胸、股間へと浴びせかけられているナミは、初回以上に絶叫し、水しぶきを浴びて夢中でわめきつづけるだけだった。

こうして『女囚磔水責め』の水車の回転責めから、磔による放水責めのクライマックスは、朝九

時開始で夕方五時近くまでかかって撮り終えた。
いま振り返ると――女優・松川ナミは、縛られて、責められて、そのリアクションを演じるだけではなく、そんな状況（シチュエーション）における男と女、責める側と責められる側の心理的なイマジネーションについても理解があったとおもう。

銀幕浪漫の終章

二〇一〇年六月に、アメリカから客人が見えた。浦戸宏に会いたい、という。夫人同伴、そして秘書役の男性がひとり。

《マスターK》これが客人である。日本のある種の風俗や歴史、その文化についてかなり研究され、実践もされているようだ。

『The Beauty of Kinbaku』

という彼の長年の研究書をたずさえての来日だった。

事前に東京にいるアメリカのジャーナリストＡから、来日の目的については知らされていた。Ａはマスター Kのために、東京で入手可能な研究資料などを探しだす、有能なアシスタントでもある。

「日活のロマンポルノ、とりわけ縛りに関する作品は、ほとんどビデオやＤＶＤで見ているようです。彼、マスターKが浦戸さんに感心を持ったのは、谷ナオミの『花と蛇』、そのクレジットタイトルに『緊縛指導』浦戸宏とあること。その緊縛指導というスタッフ名への関心がまずひとつ」と在日のジャーナリストは言った。そしてこう言った。

「『You can play S and M』という写真入りの著作を、浦戸さんが一九七〇年代に芳賀書店から出されていますが、マスターKにその本を送ったところ、興味を示して、ぜひお会いしたいとの希望で来日するのです」

いま東京に緊縛とか、緊縛研究会とか、ひとを縛って楽しむ、その縛り方のいろいろを指南するクラブのようなもの、研究会のようなものがあるようだ。大人の楽しみとして、それはそれでよいことではないかとおもう。

一週間ほど都内のホテルに滞在中に、ホテルでなんどか会い、外でも話した。通訳はAがした。よくもまあ、こんなに調べ、コレクションしているものだと、彼の話とその著書の資料写真をみていておもった。

本の町・神保町へ案内した。『裏窓』のバックナンバーのうち一冊欠けている、その一冊を探しだしたいと出かけた。幸いにそれが手に入って、ひどくよろこんでいた。

それからK夫人が実にすてきな人物だった。やや肉づきはいいが、色白で陽気で、そばにいて楽しくなる夫人だった。

夫人と言えば美濃村晃の夫人、芳賀章の夫人、そして団鬼六の夫人、それぞれよく出来た夫人だとおもう。美濃村夫人とは、『裏窓』時代に新宿から横浜日吉の団地に引っ越しするときにお手伝いしたし、六本木に小屋をかまえていた玉井敬友から、美濃村さんを呼んで、会員たちに話をしてもらいたい——という要望があったとき、健康を害してからの美濃村晃に、しっかりと寄り添うようにしている夫人が、二晩も日吉から六本木まで地下鉄など乗りついで来られた。

芳賀夫人も、手形を落とすことに必死にかけまわっている芳賀章を、そして店を支えていたように見えた。

団夫人もしかりである。いくつもの難病をかかえていた団鬼六の日々の健康管理や気づかいは、おそらく外からは想像できないものがあったのではなかろうか。

おもうに、人の眼をひく、後世にその名を残す、そんな男の夫人は、並のものではない魅力とM派的な心のゆとりとを持っているようだ。


同年七月二十七日だった。杉並区浜田山の団鬼六邸を訪ねた。

いくつもの難病をかかえながら、治療をつづけているはずなのに、至って元気に見えて歓迎してくれた。その前に会ったのは横浜にいたころだったから、十数年ぶりだったけれど、見たところ昔と少しもかわらない、そんな印象だった。

マスターKの『緊縛の美』とでも訳すべきか、その原書を見せると、丹念にページをめくっていた。

目黒の元競馬場（バス停）近くの大きな庭木のある二階家から横浜桜木町に引っ越されてからは、

あまり訪ねたりしなかったので、何度も「あれから、どうしていたんだ?」と訊かれる。ろくにめしも食っていないのではないのか、という気づかいのような言葉でもある。

「うなぎ屋に行こう」

来客などには眼もくれず、大きなラブラドール・レトリバーが横たわっている応接間で一時間ほど、夫人、娘の肥沼由起子らとすごした後、ふたりきりで近くのうなぎ屋に案内された。

そこで訊いてみたいことがひとつあった。それは、なぜ将棋のことを書きつづけているのですか? ということだった。すると、将棋が好きだから書く、という答えのようにきこえた。

「先生、将棋のほかに何か、書くべきことがあるのではないですか」と訊いてみたかった。それが何であるかを、こちらからは言葉にできなかった。今はザラ紙にエンピツで大きく書き、それをマネージャー役の肥沼由起子が清書しているようだった。

もうひとつは、先生のおかあさんは、今もお元気ですか? と訊いてみたかったが、これは口にできなかった。そして「あの鬼プロにいた田代さん、あの人はどうして鬼プロへ――」ときくと、あれは山辺の紹介でやってきた、という答えだった。山辺信雄は谷ナオミのマネージャーであった。

その後、一カ月にいちどくらい団夫人に電話した。病院通いをつづけているということで安心していた。

それから十カ月ほどたち、二〇一一年(平成二十三)五月六日に他界されたことを、テレビの夜おそくのニュースで知った。

その数日前、電話すると、留守電だった。

「先生、お元気ですか」と吹き込んだ。

そして五月十三日の夜、夫人から十四日にお通夜、十五日にお葬式——という電話をいただいた。

「——今は失礼して、あらためて、おちつかれてから、お宅へ——」と答えた。

『裏窓』の美濃村晃がゆき、神保町の芳賀章がゆき、そしていま団鬼六が、逝ってしまった。

それぞれ三人とも、浦戸宏にとって、生涯にかけがえのないロマンチストであり、それを生き抜かれた人物である。

絶筆となった『小説現代』六月号（二〇一一年）の「私本　西鶴草子」を読んで、そうだ、これだったんだよね——とおもった。前年の十一月ごろから取りかかったようである。

織田作（織田作之助）や武麟（武田麟太郎）の小説がおれは好みだ——と、ずっと以前に直かにきいたことがある。大阪を舞台にした作家たちである。もうひとり村上浪六の名もあげていた。鬼六は浪六にあやかって——という話もきいた気がする。


今日では日活、あるいは日活撮影所については生き字引きにひとしい存在の植松康郎と久しぶりに東京高円寺の喫茶店で会った。日活が映画製作を打ち切った一九八八年から二十三年ぶりである。人あたりのよさはむかしと少しも変わらず元気だった。二〇一〇年三月まで調布の日活芸術学院で講師をつとめ、後進の指導にあたっていたという。

日活が調布市染地の多摩川沿いの田んぼのなかに、カマボコ型の屋根をもつ第一ステージから第十三ステージを中心に映画界では初めての冷暖房つきの建築、さらに草野球のグラウンドが二面ほどもとれる広場を有する東洋のハリウッドと呼ばれるような名実ともに東洋一の撮影所を建設して、邦画五社（松竹、大映、東宝、新東宝、東横東映）に割って入る映画製作を再開したのは一九五三年、昭和二十八年である。

このとき早稲田大学の社会学科を新卒で植松康郎は日活に入社する。そしてまず小屋（映画館）まわりである。新築の直営館である池袋日活、新宿日活などがそれだった。映画製作の新入社員としての第一歩は、観客との接点である小屋まわりから始まる。これはそれからずっと後のロマンポルノ時代においても、新入社員として入社した助監督志願の新人たちが、関東一円の日活上映館での雑役を実習業務としてひきついでいた。

植松康郎をたずねたのは調布の撮影所で印象に残っているスタッフ、社員のいく人かのフルネームや消息をたしかめるためでもあった。

まず一九七四年に日活撮影所に入門した当時の撮影所のトップである社長か所長か、樋口弘美についてだった。彼は現場上がりだときいていた。印象に残る人物である。

撮影所では初号試写（完成作品の最初の試写会）のとき、主なるスタッフと撮影所のトップ、六本木の本社からくる担当重役やプロデューサーなどをまじえて合評会があり、出来不出来の批判がその席で出る。その初号試写に顔を出しているうちに樋口弘美と面識ができた。

撮影所と調布駅南口とは、そのころ朝夕の送迎バスが運行されていたが――あるとき帰りのバスに乗り合わせた。

「どう、お茶でも飲まない」と誘われた。これは契約スタッフの分際にとっては、撮影所のトップから声をかけられるのは大変に光栄なことだ。

喫茶店で、そのときの組付きだった撮影現場のはなしなど、現場上がりの彼には関心があるようで話題になったようにおもう。もうひとつは浦戸宏の担当である縛りとか、ＳＭふうなイマジネーションについても話したようにおもう。これは初号試写のあとの会議でも折りにふれて述べたように記憶している。

そのひとつとして当時、一九七〇年代の新宿で一番高いビルは西口の京王プラザホテルだった。現在ではさらに高層ビルが乱立していてプラザホテルなど、どこにあるかわからない。新宿一高い京王プラザホテルの屋上にビル建築用の巨大なクレーンを設置して、地上から女性を逆さ吊りで吊り上げる、それを角度をかえて数台のキャメラで撮ってみたい、そんなイマジネーションについて日活撮影所のトップである樋口弘美に話した記憶がある。

吊り上げる撮影（ロケーション）までに、まず女性（女優）の心身のトレーニングが必要である。それをスポーツのトレーニング、その記録のように日常的に鍛錬していく。その肉体的、精神的なトレーニングをふまえた上で、イマジネーション（映像）のクライマックスとして地上からプラザホテルの屋上まで、一個の物体として女性（和服の正装が画になる）を巨大なクレーンで吊り上げる。もちろん所轄署の許可を受けた上でのドキュメンタリーとしての映像化である——と。

一九七〇年代の日活撮影所、ロマンポルノと白眼視されながらも元気があったころの撮影所のトップに、実現は九十九％困難（不可能）でありながら――イマジネーションとして話した確かな記憶がある。

それを耳に入れ、映像として記録にとどめていてくれたとすれば、撮影所の現場を、映像づくりの演出を、そのイマジネーションをよく理解している現場上がりのトップ、樋口弘美だったからではないか。そして乗り合わせた帰りのバスのなかで――お茶をどう、と声を掛けてくれたのであろう。


調布の日活撮影所の宣伝担当に通称ユキサン（幸三枝子）がいた。あるとき撮影所の食堂で声をかけられ、関西へ行ってくれないかといわれた。

関西とは当時梅田にあった日活関西支社のことだ。そこに宣伝担当の井戸幸一がいるので、その人に会えばわかる、そんな話であった。ユキサンはコケティッシュな女性だった。好きなタイプである。だから、いいですよ、と食後のコーヒーを一杯いただいて即座にＯＫした。それがきっかけで宣伝部の手伝いとしてたびたび関西に行くことになる。なお井戸幸一には『裸・はんなりロマンポルノ』（京都書院）という著作がある。

そのときユキサンが「ゴダールの話はしないでね」と笑った。ゴダールとは一九六〇年代にフランス映画でヌーベルバーグの旋風を巻きおこした映画監督で日本で公開された作品に『勝手にしやがれ』などがある。大島渚、吉田喜重、篠田正浩らが彼に呼応するようにヌーベルバーグをうたったが、それほどの盛り上がりはなかった。

なぜゴダールの話をしないでね——だったか、以前にある監督が関西に行って、ロマンポルノに出演している女優さんの話やエピソードを期待する人たちの前で、その期待に反してゴダールの映画論をぶったようである。真偽のほどはわからない。

ユキサンの関西へ行って——という話がきっかけで、その後たびたび大阪、姫路、広島、九州、博多へと女優たちに同行して出かけることになった。舞台挨拶や観客へのサービスとして、お遊び程度のSMショウというか、縛りの実演など、ゴダールの映画論などとは関係のないゲームのようなことが受けるのを体験できた。

お膝もとの東京ではおこなわれなかったが、大阪ではロマンポルノ十周年の大イベントとして、新人、ベテランが大勢で押しかけて関西日活まつりなるものが、梅田のホテル阪神の大広間で賑やかにおこなわれた。これは関西と東京との、お祭りさわぎに興ずる気性のちがいによるのだろう。

高円寺の喫茶店で植松康郎と二十三年ぶりに会ったとき——日活ロマンポルノは日本映画界におけるプログラムピクチャーの最後、夜行列車の赤い後尾灯のようなものだね、という話が出た。まったくそのとおりである。世間からはロマンポルノと白い眼でみられながらも、往年の映画が盛んだったころの映画産業の根幹だったプログラムピクチャーとしての役割、毎月毎月、決まったように直営館や上映契約館に映画作品をおくり届けるシステムを邦画五社が経営上、一方的に放棄した後も日活は映画をつくりつづけた。

最後は日本全国でその日活映画を上映する映画館は三百弱だったという話もきいたが、いずれにしろ毎年、新入社員として助監督志願の若者に門戸を開いていた。もちろん上映作品のうち、独立プロが製作した作品を買い上げて日活映画、ロマンポルノとして社名入りで上映している。その合計、全一〇九六作品である。これは『シナリオ』二〇〇九年九月号別冊の「日活ロマンポルノ全作品リスト」による。このうち日活、日活撮影所の製作は六九五本であり、独立プロからの作品は四〇一本になる。

植松康郎のはなしによると、最初「ポルノロマン」にするか「ロマンポルノ」にするか、そのネーミングについて議論があったようだ。主演した女優たちも白川和子らのように日活以前に独立プロのピンク映画で活躍していた女優たちが多い。前にも述べたが、この多くの女優たちの働き、そのエンターテイナーとしての努力によって日活ロマンポルノはプログラムピクチャーとして日本映画史上に輝かしいいろどりを添えている——と、自信を持って言える。

浦戸宏にとって日活ロマンポルノ、とりわけＳＭドラマは「美しい青春の一齣」と記したい。その上にさらに、撮影所で一緒に映画を作った女優たち、同級生、クラスメートのような存在だった小川亜佐美、志麻いづみ、江崎和代、太田あや子、西川瀬里奈、山地美貴、早野久美子、朝霧友香、飛鳥裕子、岡本麗、中島葵、橘雪子、吉川遊土、早乙女宏美、小川美那子、柏木よしみ、長坂しほり、そして谷ナオミ、そのほかにも沢山の心やさしい青春の花々が咲きほこっている。

一九八八年（昭和六十三）四月、加藤文彦監督作品『妖艶能面地獄』の撮影で満開の桜を求めて、群馬県の下仁田へロケーション（三泊四日）で行った。

これが最後の作品となった。ロマンポルノ映画の幕引きである。女優では柏木よしみ、長坂しほりが出演している。昼間、桜の満開の公園で記念写真を撮っている。

これでロマンポルノ・日活映画は終わり、そうわかっていても、スタッフや出演者は笑顔である。その笑顔には、いつかきっとまた、というおもいがこめられていたのかもしれない。

二〇一二年は日活創立百年である。

あとがき

ドラマはイマジネーションである。

☆

映画のおもしろさはイマジネーションの組み立て、積みかさねのおもしろさである。だからおもしろくない映画はドラマ、イマジネーションの組み立てがおもしろくない、ということになるだろう。

今日、たとえば二〇一四年から二〇一五年にかけて、どんなおもしろい映画が作られたか、観客を映画館へ招きよせたか、その映画監督はだれか、と眺めまわしても眼につかない。それは映画がおもしろくない、観客を感動させる作品があまり見あたらない、ということだ。

それはなぜか?

ひとつは映画のつくり手たち、そのスタッフ、企画製作、脚本家、監督ら全員の貧困、つまり映画のつくり手のイマジネーションの貧困ということになるのではないか。

かつて映画館が日本映画、外国映画を問わず土曜、日曜、あるいは祭日は観客が押しかけ、あふれていた一九四〇年代後半から一九五〇、六〇年代、邦画はもちろん外国映画もおもしろい作品が上映された。

そんな時代がすぎて映画の観客が次第に少なくなったのは、テレビに観客をうばわれてしまった——というような、ありきたりの現象《げんしょう》ではなく、映画のつくり手たち、その全スタッフたちのイマジネーションの貧困と言えるのではないか。

これは、一九七〇年代から一九八〇年代の日活ロマンポルノ、その映像作品の製作現場、企画、脚本、撮影現場まで十数年間に五十本あまりの製作に参加していたひとりとしての率直な思いである。

ロマンポルノ、ロマンポルノ、と軽視されながらも邦画各社、新東宝、松竹、東横東映、東宝、大映におくれて製作を開始し、都下調布市の多摩川沿いに東洋のハリウッドと呼ばれる映画スタジオを建設したわが日活撮影所は他社の撮影所が映画づくりを閉店してしまった後も、日本映画の後尾灯のごとく赤く燃えあがり、映画製作を一九八八年までつづけていた。それが日活ロマンポルノである。

日活ロマンポルノこそ、日本映画の闇夜に赤く燃える後尾灯だった、と言える。そして映画が好きで、映画を愛しつづけた多くのスタッフたちが、そこから巣立ち、映画というロマン——まさしく〝銀幕浪漫〟の航跡を後世へと残しているではないか、と自信を持って拙文の末尾に記しておきたい。本書の内容については、当時を知る人たちにも話を聞き、できるだけ間違いや失礼のないように心がけたが、記憶違いのところもあるかもしれない。その点ご容赦いただきたい。

なお本書には《銀幕浪漫——日活SMドラマの現場》というタイトルをずっと以前から考えていた。それは日活撮影所での四十名余の映画づくりのスタッフに参加したひとりとして、彼らの映画の裏方としてのプロフェッショナルな仕事ぶりへ敬意を込めたタイトルだった。

燃えるゴミになるはずだった「銀幕浪漫」を筑摩書房に拾い上げてもらえたのは、大変な幸運であった。

浦戸宏

二〇一五年春

浦戸宏　主なスタッフ参加作品リスト

作品タイトル	封切日	監督	脚本	出演
花と蛇	1974/ 6 /22	小沼勝	田中陽造	谷ナオミ・藤ひろ子
生贄夫人	1974/10/26	小沼勝	田中陽造	谷ナオミ・東てる美
原作・団鬼六「黒い鬼火」より　貴婦人縛り壷	1977/12/10	小沼勝	いどあきお	谷ナオミ・渡辺とく子
原作・団鬼六　黒薔薇夫人	1978/ 4 / 1	西村昭五郎	桂千穂	谷ナオミ・田島はるか
原作・団鬼六「やくざ天使」より　縄地獄	1978/ 6 /24	小原宏裕	今野恭平 小原宏裕	谷ナオミ・青木奈美
団鬼六　薔薇の肉体	1978/ 9 / 9	藤井克彦	大野武雄	谷ナオミ・亜湖
団鬼六　縄化粧	1978/12/ 2	西村昭五郎	浦戸宏	谷ナオミ・中島葵
団鬼六　縄と肌	1979/ 7 /21	西村昭五郎	松本功	谷ナオミ・宮下順子
団鬼六　花嫁人形	1979/10/ 6	藤井克彦	いどあきお	倉吉朝子・志麻いづみ
堕靡泥の星　美少女狩り	1979/10/27	鈴木則文	大和屋竺	波乃ひろみ・朝霧友香
団鬼六　少女縛り絵図	1980/ 3 / 1	小沼勝	神波史男	早野久美子・港まゆみ
団鬼六　白衣縄地獄	1980/ 5 /17	西村昭五郎	浦戸宏	麻吹淳子・橘雪子
団鬼六　縄炎夫人	1980/ 9 /20	藤井克彦	松岡清治 後藤澄夫	麻吹淳子・朝霧友香
セックスハンター　性狩人	1980/10/22	池田敏春	掛札昌裕	宮井えりな・太田あや子
団鬼六　薔薇地獄	1980/12/ 5	西村昭五郎	桂千穂	麻吹淳子・吉沢由起
団鬼六　ＯＬ縄奴隷	1981/ 1 /23	藤井克彦	鈴木則文	麻吹淳子・小川亜佐美
団鬼六　女秘書縄調教	1981/ 5 /29	伊藤秀裕	松岡清治	麻吹淳子・早川由美
団鬼六　女教師縄地獄	1981/ 8 /28	西村昭五郎	三井優	麻吹淳子・山地美貴
団鬼六　女美容師縄飼育	1981/11/27	伊藤秀裕	伊藤秀裕	麻吹淳子・志麻いづみ
奴隷契約書	1982/ 1 /22	小沼勝	掛札昌裕	松川ナミ・大高範子
団鬼六　黒髪縄夫人	1982/ 3 /12	渡辺護	団鬼六	志麻いづみ・早野久美子
奴隷契約書 鞭とハイヒール	1982/ 5 /28	中原俊	掛札昌裕 中島信昭	松川ナミ・ブレンダ亜鼓
団鬼六　蒼いおんな	1982/ 8 /28	藤井克彦	桂千穂	志麻いづみ・藤サトミ
団鬼六　少女木馬責め	1982/12/ 3	加藤文彦	石井隆	西川瀬里奈・江崎和代
縄と乳房	1983/ 1 / 7	小沼勝	宇治英三	松川ナミ・志麻いづみ
縄姉妹　奇妙な果実	1984/ 2 /17	中原俊	石井隆	美野真琴・早乙女宏美
団鬼六　縄責め	1984/ 9 / 1	関本郁夫	志村正浩	高倉美貴・高橋かおり
団鬼六　緊縛卍責め	1985/ 1 /15	関本郁夫	松本功 関本郁夫	高倉美貴・麻生かおり
花と蛇　地獄篇	1985/ 8 /24	西村昭五郎	桂千穂	麻生かおり・藤村真美
団鬼六　美教師地獄責め	1985/12/14	瀬川正仁	佐伯俊道	真咲乱・水野さおり
花と蛇　飼育篇	1986/ 3 / 8	西村昭五郎	掛札昌裕	小川美那子・矢生有里
団鬼六　蛇と鞭	1986/ 8 /23	西村昭五郎	丘哲民	真咲乱・黒木玲奈
花と蛇　白衣縄奴隷	1986/12/ 6	西村昭五郎	掛札昌裕	真咲乱・小川美那子
蘭光生　肉飼育	1987/ 1 /24	川崎善広	佐伯俊道	小川美那子・中川みず穂
団鬼六　生贄姉妹	1987/ 4 /28	西村昭五郎	片岡修二	小川美那子・松本美幸
妖艶　肉縛り	1987/ 4 /28	すずきじゅんいち	関澄一輝 斉藤猛	長坂しほり・城源寺くるみ
団鬼六　人妻なぶり	1987/10/17	片岡修二	丘哲民	長坂しほり・瞳さやか
赤い縄　果てるまで	1987/10/17	すずきじゅんいち	石井隆	岸加奈子・中川みず穂
花と蛇　究極縄調教	1987/12/ 5	浅尾政行	片岡修二	速水舞・長坂しほり
団鬼六　妖艶能面地獄	1988/ 5 / 7	加藤文彦	掛札昌裕	柏木よしみ・長坂しほり

浦戸宏（うらど・ひろし）

一九三三年高知生まれ。法政大学社会学部卒。児童書出版社の編集を経て、六一年にSM誌『裏窓』編集者になる。六六年、白竜社を設立し出版業の傍らフリーの編集者として、芳賀書店のSM耽美文学シリーズや『緊縛大全』（篠山紀信撮影、団鬼六監修、宇野亜喜良構成）などを手がける。『サン・アンド・ムーン』『えすとえむ』などのSM誌を編集発行。七四年、谷ナオミ主演・団鬼六原作『花と蛇』の緊縛指導者として日活撮影所に呼ばれ、以来八八年まで日活ロマンポルノSM作品五十本以上の縛りを担当、企画・原案・シナリオ執筆にも携わる。監督作品に『浦戸宏の世界』（日活ビデオフィルムズ）がある。

縛師《ばくし》——日活《にっかつ》ロマンポルノ SMドラマの現場《げんば》

二〇一五年三月二十五日　初版第一刷発行

著　者　浦戸宏
発行者　熊沢敏之
発行所　株式会社　筑摩書房
東京都台東区蔵前二-五-三　郵便番号一一一-八七五五
振替　〇〇一六〇-八-四一二三
装幀者　間村俊一
印刷・製本　凸版印刷株式会社

乱丁・落丁本の場合は左記宛にご送付下さい。送料小社負担でお取り替えいたします。ご注文、お問い合わせも左記へお願いいたします。
筑摩書房サービスセンター
さいたま市北区櫛引町二-六〇四　〒三三一-八五〇七
電話　〇四八-六五一-〇〇五三

ISBN978-4-480-87383-5　C0074